하찌 아저씨의
우쿨렐레 교실

©Melanie Lee

안녕하세요~
하찌입니다.
본명은
가스가
히로후미

일본에서 온 뮤지션이에요.

1973년 19살에 '카르멘 마키 & 오즈'라는 밴드의
기타리스트로 데뷔했구요.
CarmenMaki & OZ
카르멘
마키

40년 동안 기타 연주하고,
음반 프로듀싱을 하고
밴드 결성하고 노래를 만들고 부르며
살고 있어요.
제가
좋아하는 음식들

도쿄에서 처음 사물놀이를 보고는
1985년 한국에 왔어요.
엥?

저 재떨이 같은 악기는
대체 뭐지?
쨍~
쨍~

사물놀이에 푹 빠져서
평택에서 3개월 살면서
사물놀이(와 막걸리)를 배웠지요.
막골리
맛
조ㅡ타
카하

그리고 다시
한국에 온 건 2006년.
지금까지 서울에서
잘 살고 있습니다.
뭐
하고
사느냐
고요?
마을버스

잘생긴 총각과 함께
〈하찌와 TJ〉를 결성하기도 했고
야자나무 그늘 밑에서
뽀뽀하고 싶소~

이쁜 처자와 〈하찌와 애리〉로
활동하기도 했죠.
차라도 한잔~

강산에, 전인권의
음반을 프로듀싱 하기도
했고요.
삐따기
Vol.2

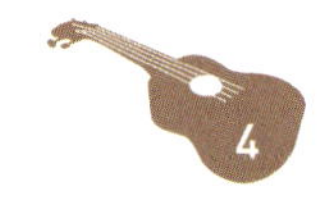

한국말요? 잘하죠!
근데 맞춤법은 좀…
① 연둥포
② 영둔포
③ 영등포
음…
2번…
인가?

그래도 한국말로 작사도 하고
노래도 한답니다.
덕분에 어색하지만 새로운
표현을 만들기도 하죠.
야~
꽃들이
피웠네.

한숨마저 안 왔던
저 밤~
아, 가사
참 좋다ー

막걸리를 워낙 좋아해서

MBC 〈자체발광〉이란
프로그램에서
전국 막걸리 양조장에 찾아가는
리포터도 했지요.
콸
콸~

그렇게 맛본 전국의 막걸리
블라인드 테스트에서
만점을 받기도 했어요.
(40년 음주 경력!)
벌컥
벌컥
벌컥

크하아아

아— 이거
얘기가 좀 샛길로 갔네요.
우쿨렐레
책 인걸
깜빡
했어요

제가 우쿨렐레를 본격적으로
연주하기 시작한 건 하찌와 TJ 시절
〈남쪽 끝섬〉을 만들면서였어요.
그 한없이
가벼운 매력에
푹 빠졌죠.

선율을 들으면
느긋하고 여유로워집니다.

저는 요즘도
매일매일 연습해요.
눈뜨면 치고

밥 먹다가도 치고

자다가도 집어들고

지하철에서 친 적도 있어요.

그냥 계속 치고 싶어요.
우쿨렐레 덕분에 음악을 더
좋아하게 된 거 같아요.

여러분도
공부한다 생각 마시고
악기를 좋아하고 계속 만지고
친해지면 좋겠어요.

뭐,
말하
자면
에헴

연습만이 살 길입니다!
NO
MUSIC
NO
LIFE

모범 연주와 동영상 강좌 보는 법

1. 스마트폰의 QR코드 리더기를 이용해 이 책의 곳곳에 인쇄된
   QR코드를 찍으면 연주와 동영상이 바로 뜹니다.

2. 인터넷 페이지 http://goo.gl/rJPKyS로 접속하거나
   또는 youtube.com에서 '하찌 아저씨의 우쿨렐레 교실'을 검색하면
   연주와 동영상 채널이 나옵니다.

3. 블로그 blog.naver.com/hachi_uke에서도
   모든 동영상 강좌와 연주를 보고 들을 수 있어요.

일러두기

- 검정바탕 흰글씨 동그라미 : ❸ 왼손 손가락 번호

- 손가락 그림 하나 : 세하 

- 2분음표 표시 : 2분음표

- 디미니쉬 표시는 ○

- Maj7(메이저세븐스) △

- F코드는 원래 이렇게 잡지만

  이책에서는 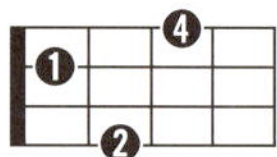 1번줄 3프랫을 잡는 것으로 합니다.
  이렇게 하면 소리가 더 예뻐요.

우쿨렐레의 명칭과 역할

1. 헤드
조율하는 페그가
장착되어 있는 부분

2. 페그
줄을 감아
조율하는 장치

3. 넥
지판(핑거보드)을 짚어
음을 콘트롤하는 부분

5. 지판(핑거보드)
왼손으로 줄을 눌러
다른 음을 낼 수 있도록
구획이 나뉘어 있다.

6. 프랫
지판 위에 일정한 간격으로 박힌
금속재질의 막대. 프랫을 기준으로
지판 위치를 파악한다.

9. 보디
우쿨렐레의 몸통.
울림통을 통해
소리가 난다.

8. 포지션 마크
5, 7, 10 프랫의 지판에 표시해
프랫 위치 파악을 도움

7. 줄
튕겨서 소리를 낸다.
아래부터 1, 2, 3, 4번 줄

타브 악보 보는 법

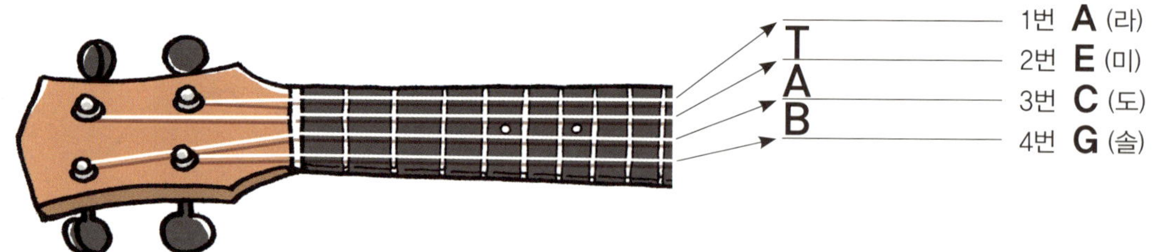

1. 4번 줄부터 p로 내려쳐봅시다.

0은 줄을 잡지 않는 개방현이라는 뜻
얼굴에서 가장 가까운 4번줄부터 p(엄지)로

2. 그 다음엔 C음계를 쳐볼까요?

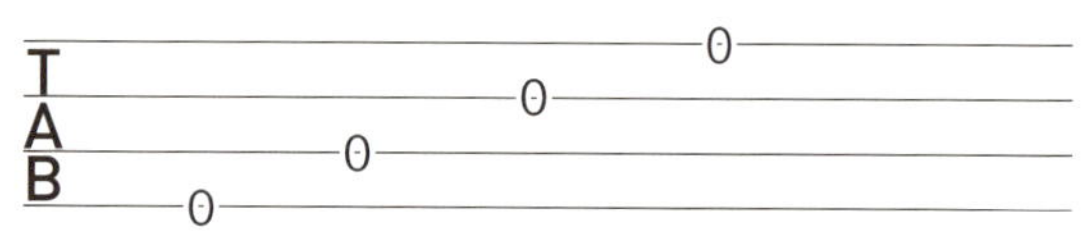

1은 1 프랫을 잡으라는 뜻 / 2는 2프랫 / 3은 3프랫

3. C, F, G 코드로 아르페지오를 해봅시다.

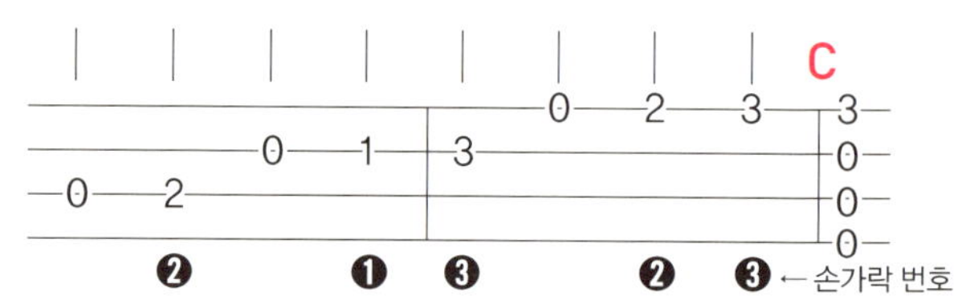

아르페지오는 한 줄씩 치라는 뜻

4. C F G7을 스트러밍으로 쳐봅시다.

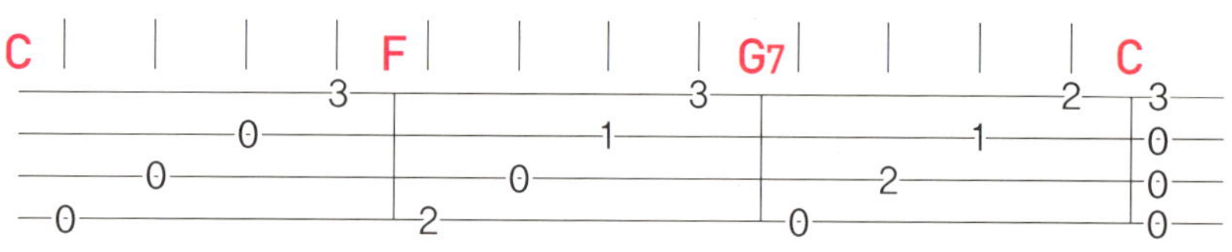

스트러밍은 4줄을 한꺼번에 치는 것

5. 마지막으로 아르페지오와 스트러밍을 섞어서 쳐봅시다.

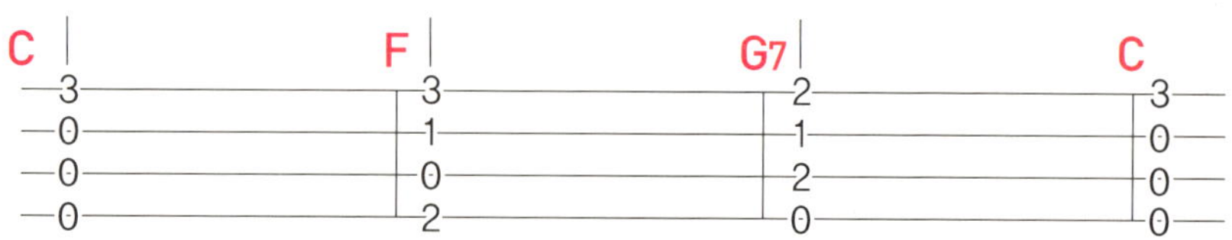

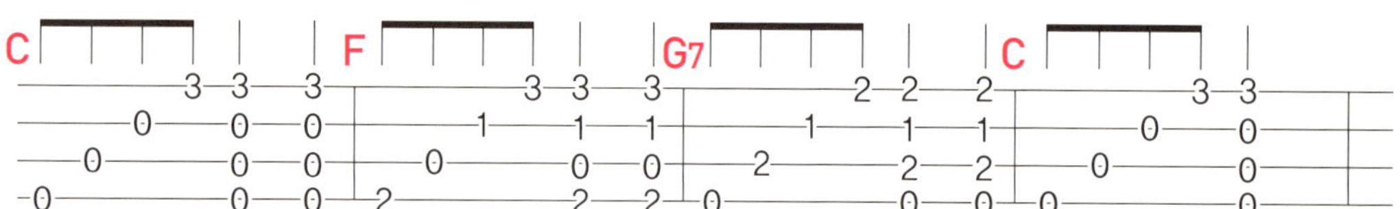

손가락 번호

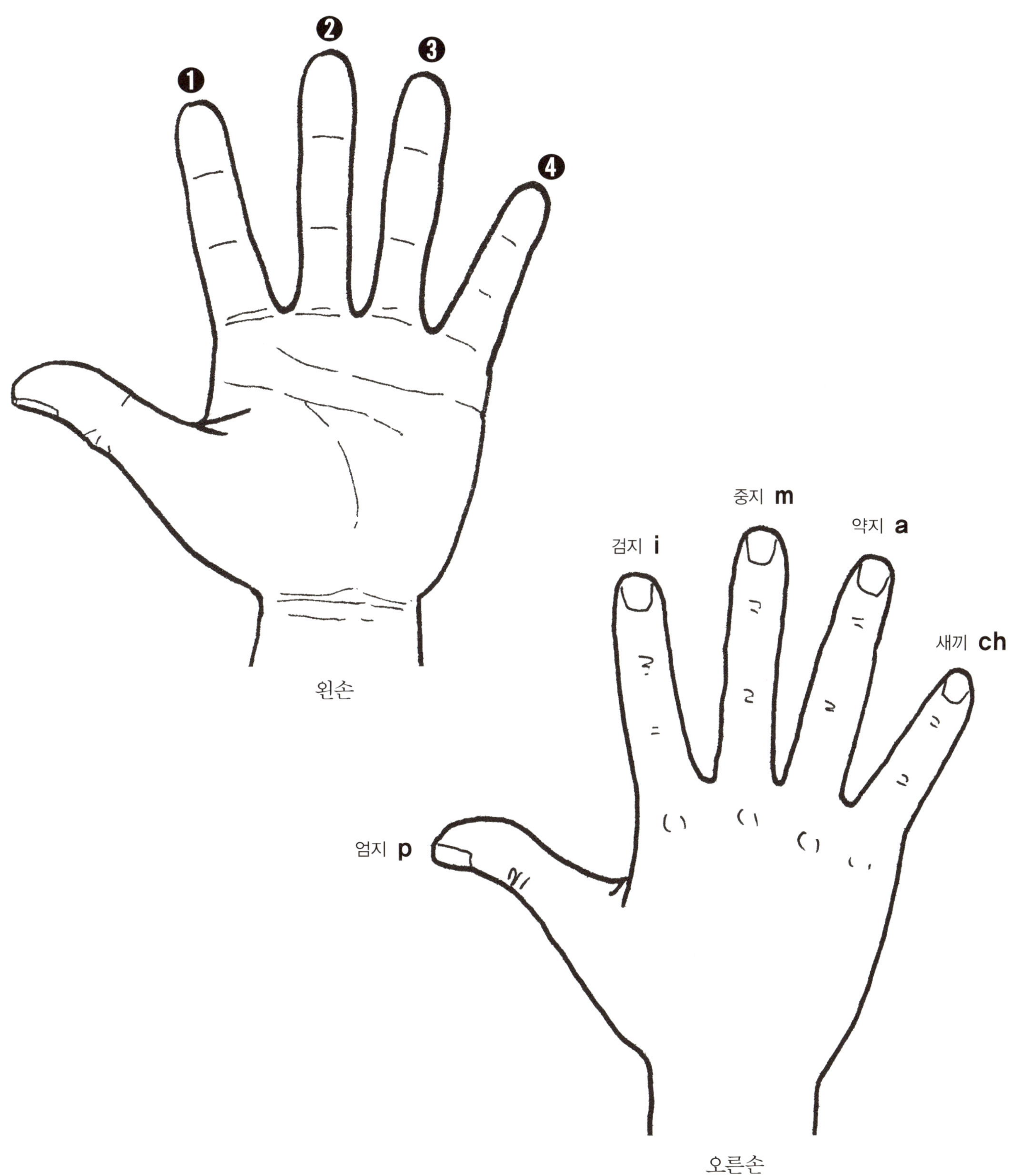

코드 잡기 tip

✤ 코드 바꾸기 쉬운 운지법(●안의 숫자는 손가락 번호)

- D코드를 많은 사람들이 이렇게 잡습니다.
- 그런데 D를 이렇게 잡으면 Dm로 옮겨 가기 쉬워요.

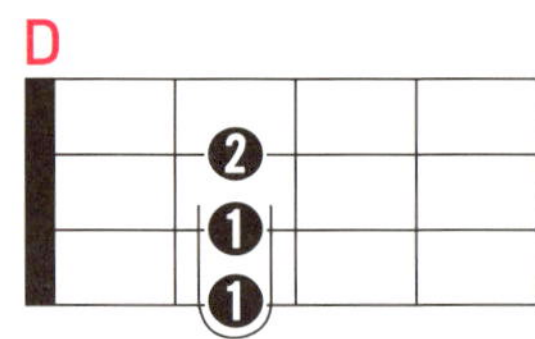
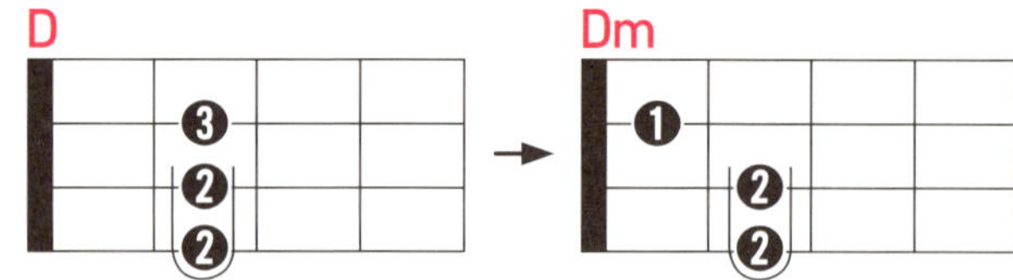

- Gm7 → C9 은 많이 나오는 진행이죠. (제 노래 〈차라도 한잔〉에도 많이 나와요)

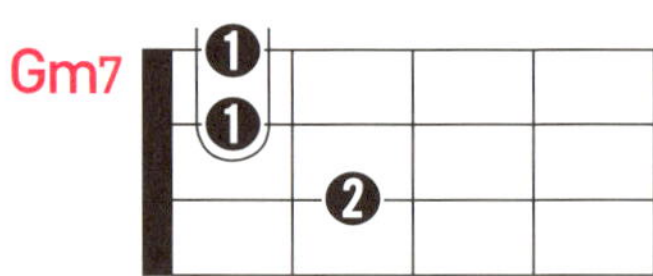

이렇게 잡으면
코드 바꾸기가
편해요.

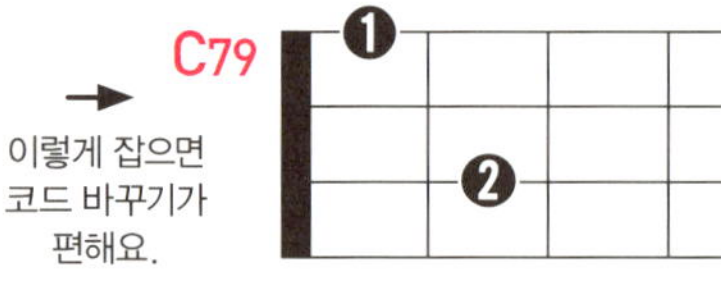

- E 코드는 좀 까다롭죠. 저도 연주하다가 E코드가 나오면 반갑지 않아요.

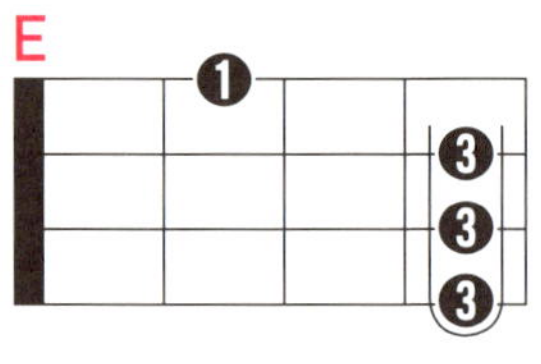

또는
이렇게

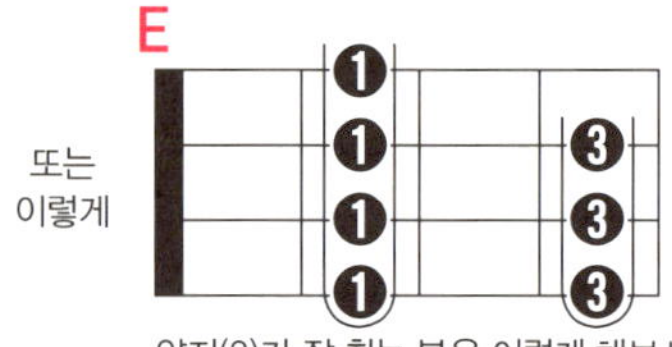

약지(3)가 잘 휘는 분은 이렇게 해보세요.

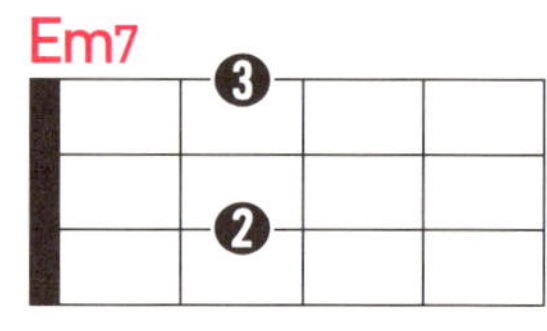

Em 역시 좀 까다롭죠.
저는 대부분 조금 쉬운
Em7으로 바꿔 잡는데,
크게 상관 없더라고요.

✤ 세하(barre/high) 코드   연주 06   동영상 06, 07, 08

세하 코드는 한 손가락으로 한 프랫의 줄 전체를 잡는 것을 뜻합니다. 바레코드라고도 해요.
처음 하면 까다로운데, 다음 코드로 옮겨 갈 때 손가락을 많이 바꾸지 않도록 운지하면 편리합니다.

- 먼저 A를 잡아 봅시다.

1.
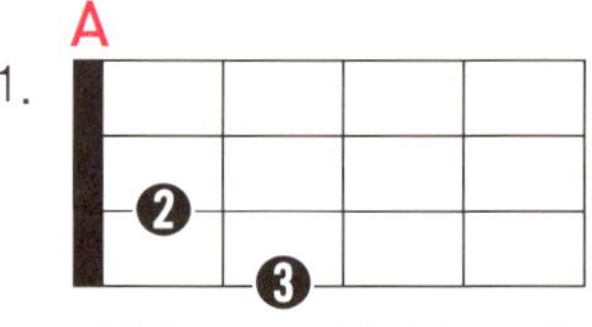
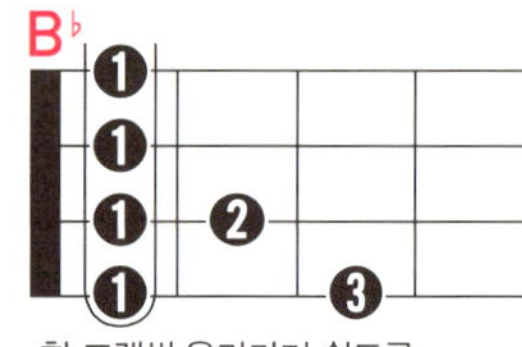
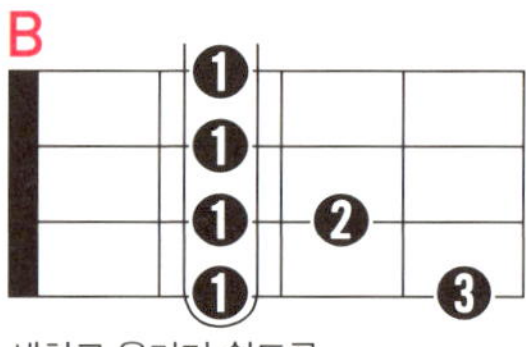
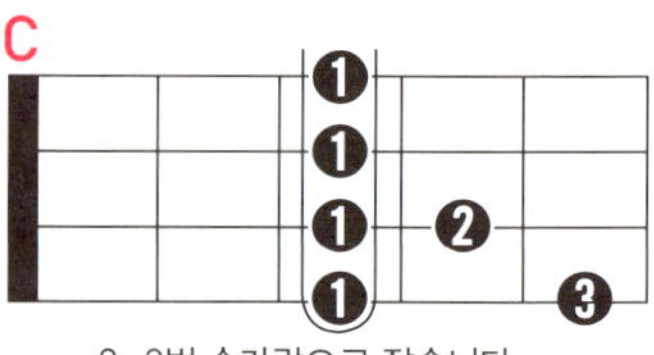

일반적으로 1, 2번 손가락으로 잡는데,　　한 프랫씩 올라가기 쉽도록　　세하로 옮기기 쉽도록　　2, 3번 손가락으로 잡습니다.

- F코드부터 시작

2.
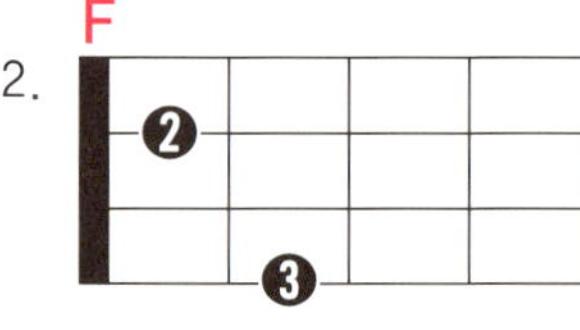
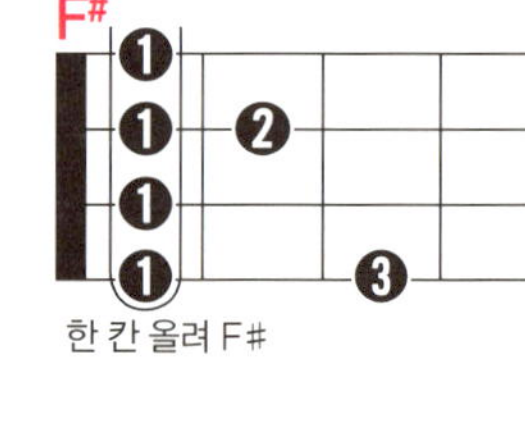
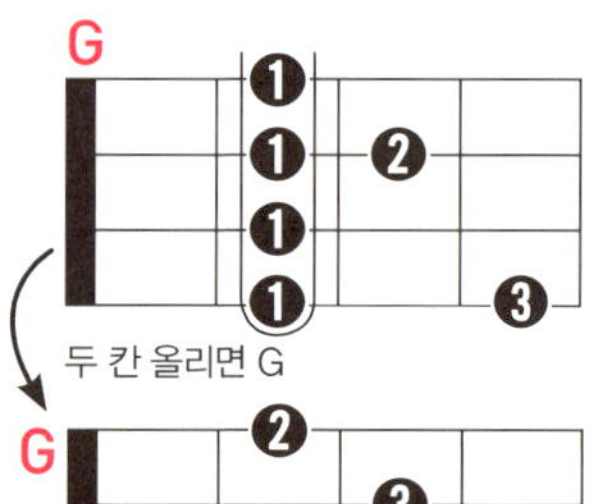
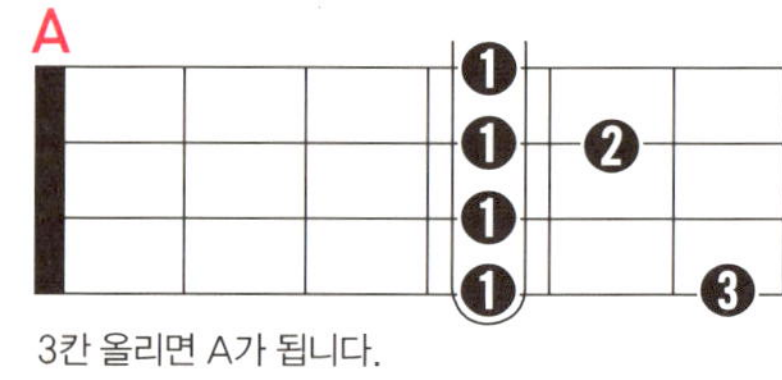

한 칸 올려 F#　　두 칸 올리면 G　　3칸 올리면 A가 됩니다.

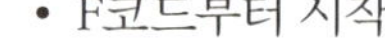

일반적인
G는 이렇게

- D코드부터 시작

3.
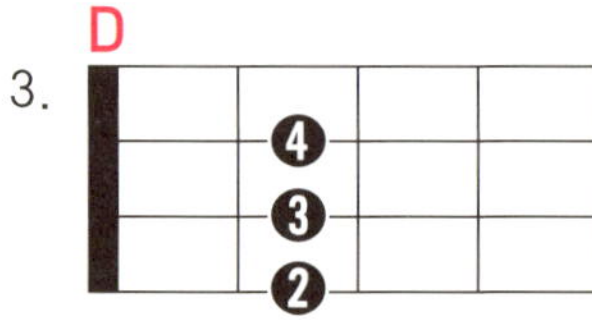
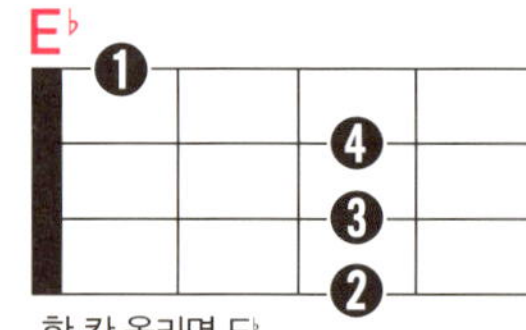
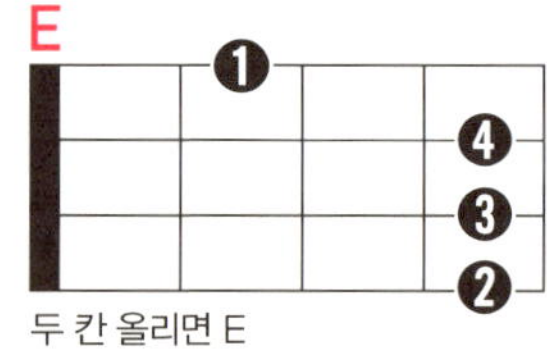
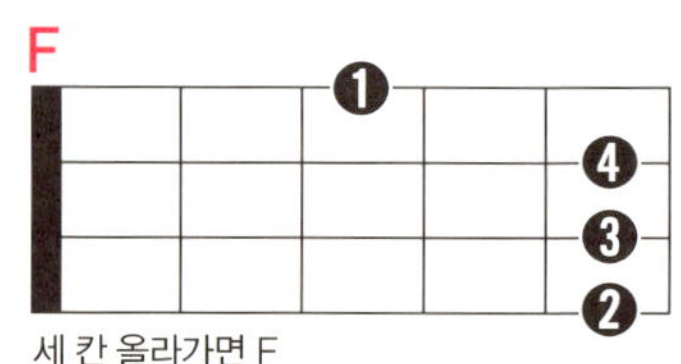

한 칸 올리면 E♭　　두 칸 올리면 E　　세 칸 올라가면 F

코드의 울림

코드 중에는 기본 3화음(1, 3, 5도) 이외에도 텐션이라 불리는 화음이 많이 있습니다. 실제로 소리내고 느껴봅시다.

- G코드의 텐션을 예로 들어볼게요.

G의 5도로 시작해서 내려가보겠습니다.

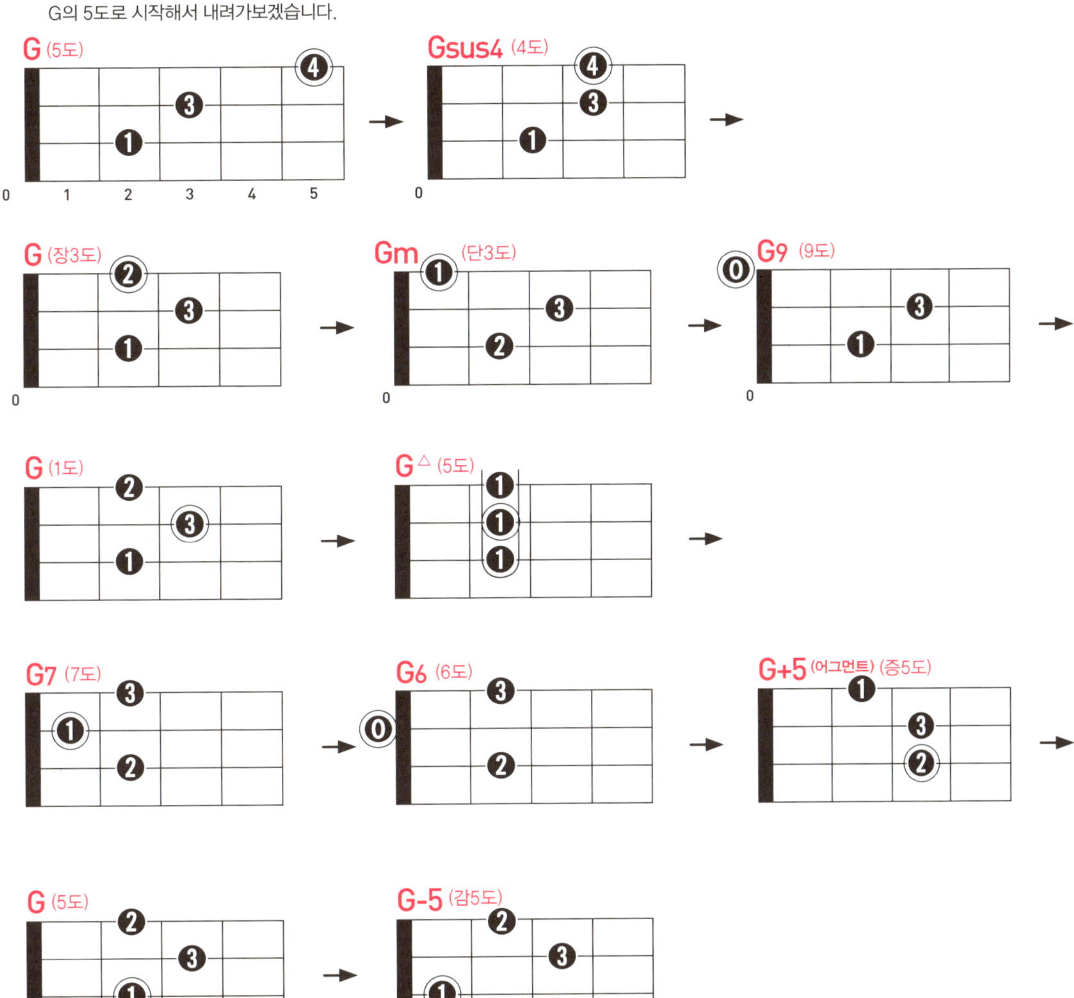

♣ 재즈풍 코드진행

- 재즈나 보사노바에 많이 쓰이는 m7(마이너 세븐스)를 느껴봅시다.

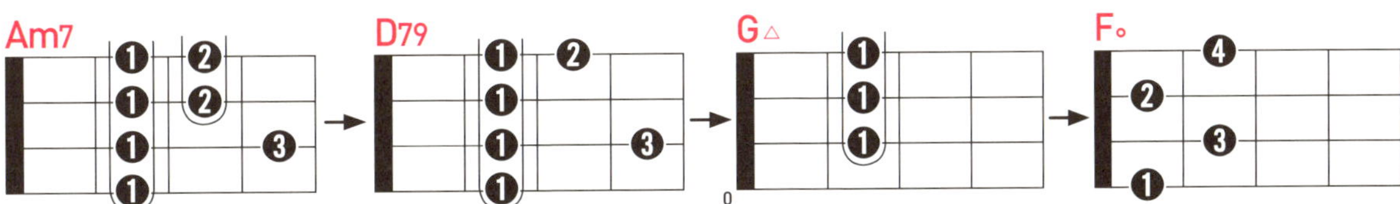

여러 가지 주법

✤ 스트러밍(Strumming) 

가장 일반적인 스트러밍은 다음과 같습니다.

1. 다운 스트러밍

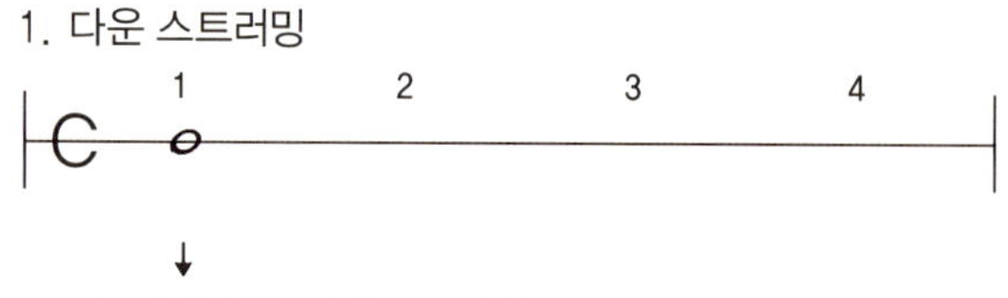

CD에 들어 있는 박자는 1, 3만 울립니다! / i 또는p로 스트러밍

2. 2분음표

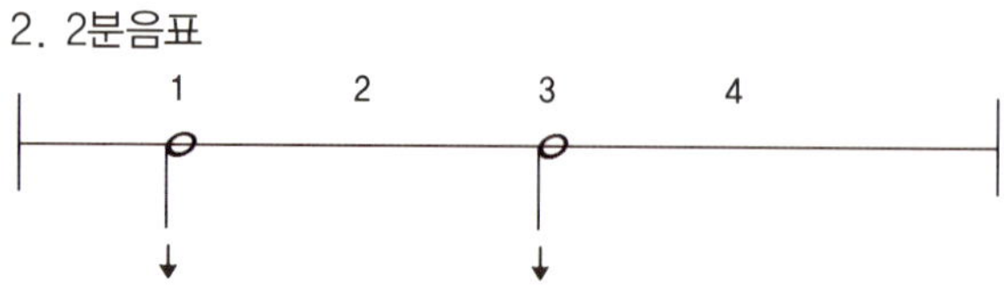

3. 다운 업 다운 업

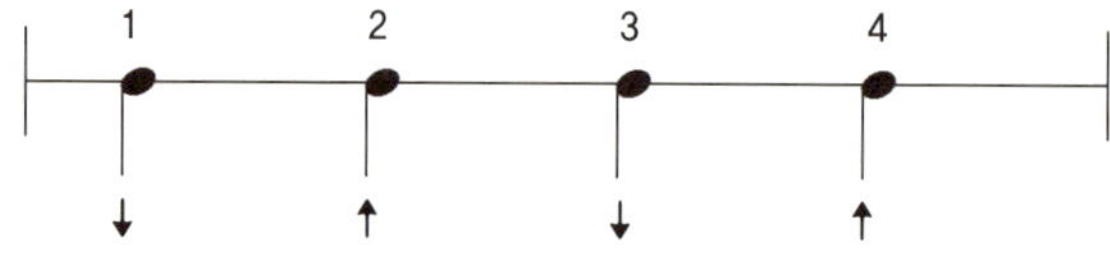

i(검지)로 다운↓&업↑ 해도 되고 다운은 p(엄지)로 업은 i(검지)로
할 수도 있어요.

4. 3/4박자.

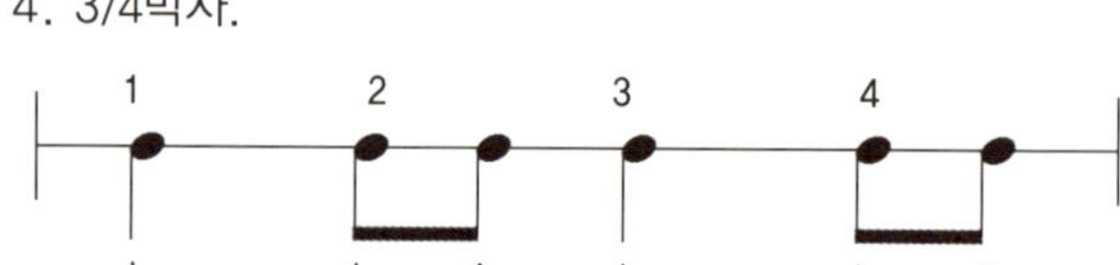

5. 칼립소

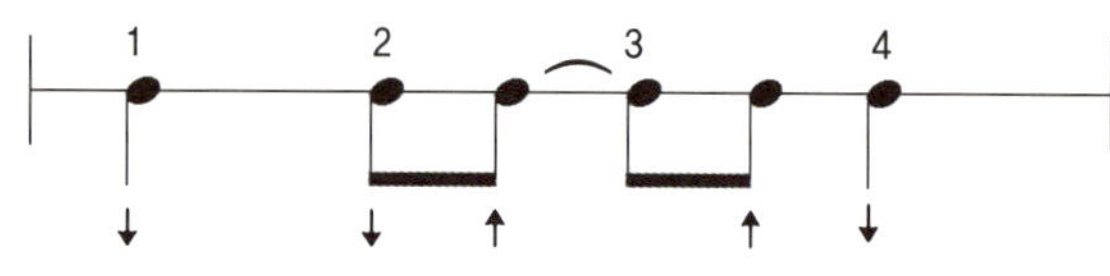

인기좋은 칼립소라 불리는 스트러밍!

✤ 커팅(Cutting) 

타악기 같은 비트를 내는 주법입니다.

★표시가 커팅 들어가는 곳
　일반 다운 스트러밍과 같은 위치에서 내려친 순간 손바닥으로 소음시킵니다. (말로 하긴 아주 어렵습니다)

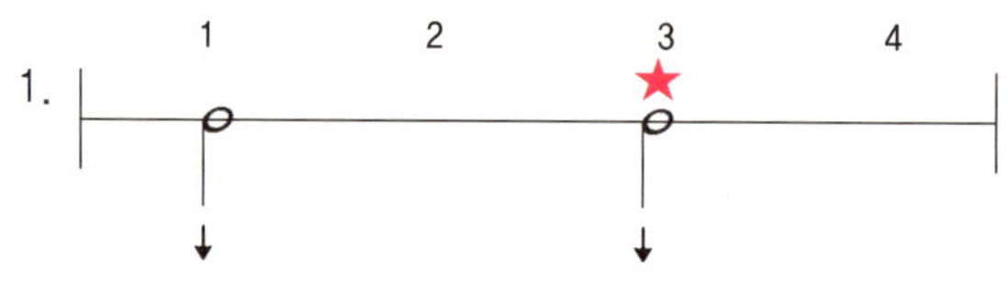

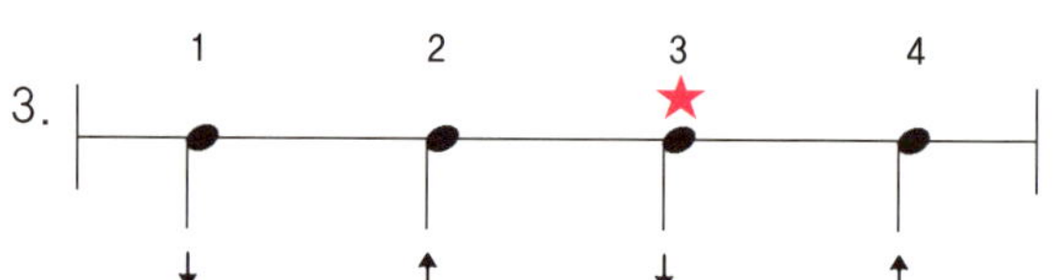

1, 3박째에 액센트가 들어가 좀 색달라요.

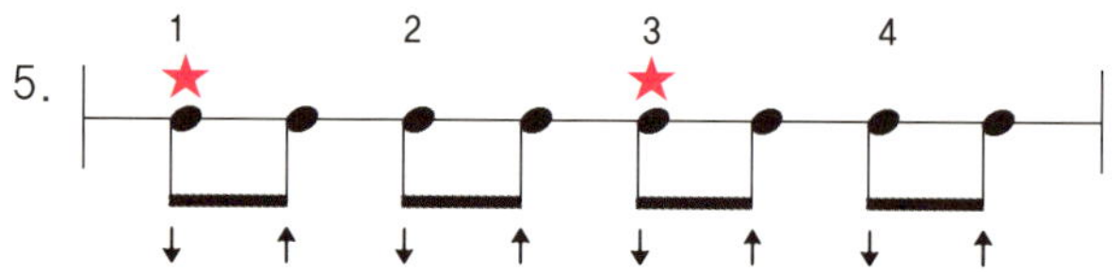

'스카라 불리는 리듬. 다운↓할 때는 다 커팅, 업↑ 할때는 코드 소리를 냅니다.

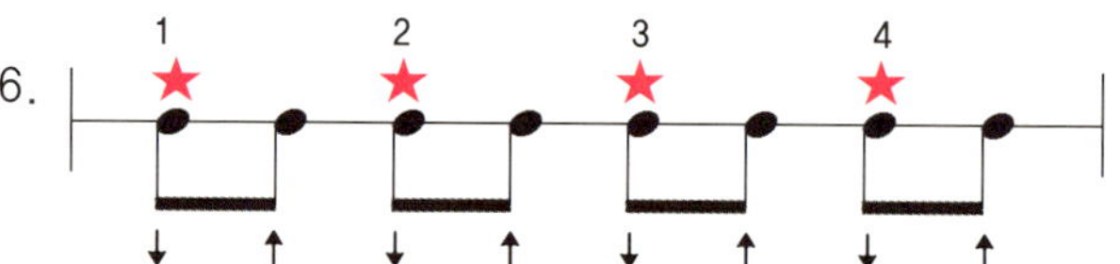

좀 바쁘죠?

✤ 브러싱(brushing)  연주 11 동영상 10

〈여행을 떠나요〉〈Be my baby〉 등에 나오는 타악기적인 주법입니다.
줄에서 소리가 나지 않도록 왼손으로 줄을 누르고 스트러밍합니다.

1. 4/4박자

2. 8beat

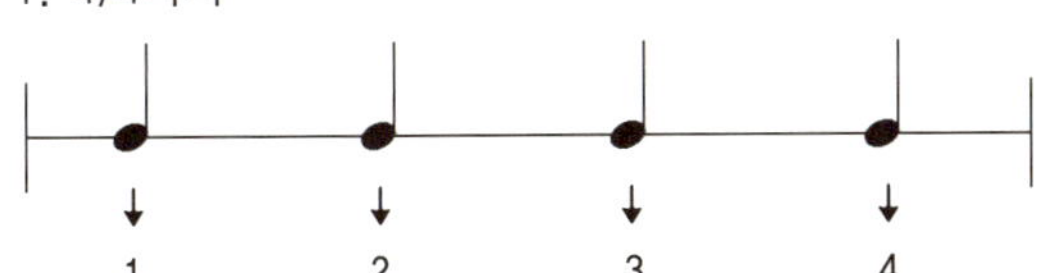
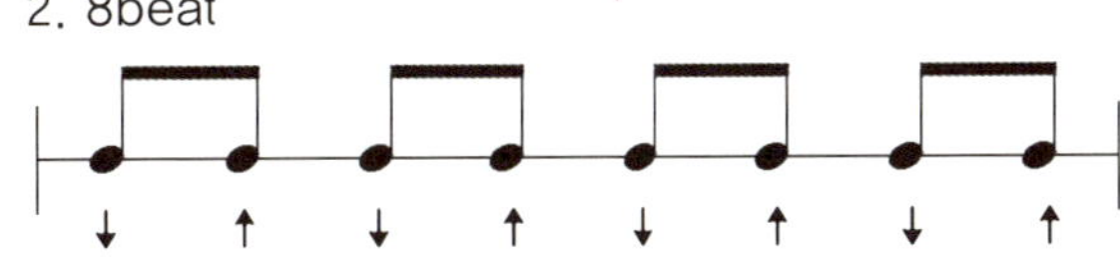

3. 셋잇단

4.

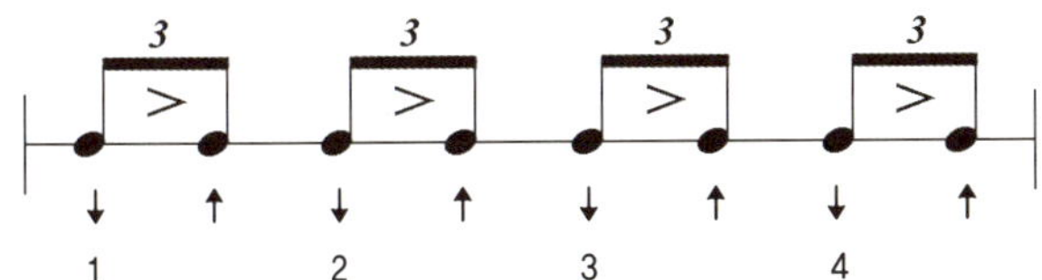
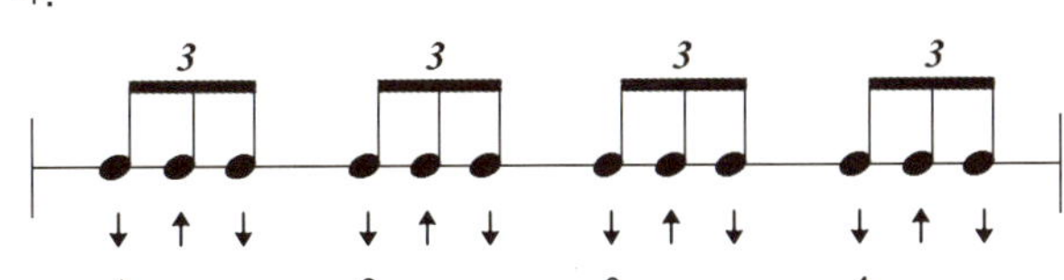

복잡하게 보이지만 그냥 업 다운 교대로 스트러밍하는 것입니다.

5. 16beat

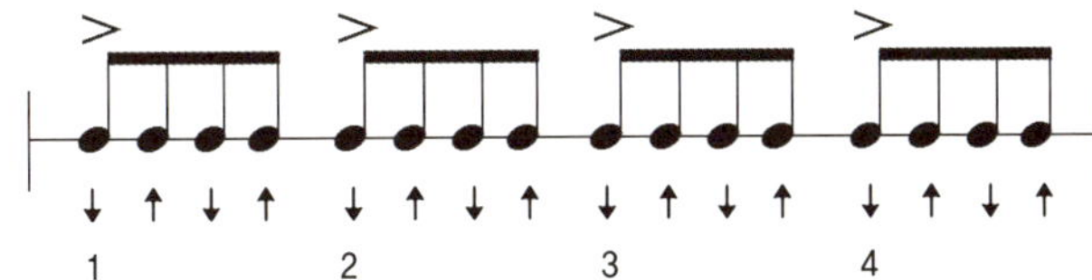

✤ 장식음 동영상:주법연습–장식음

세상엔 장식음이 아주 많이 있어요. 다 배우기엔 인생이 너무 짧죠! 여기선 3개만 해보겠습니다.

연주 12

i만 쓰는 장식음

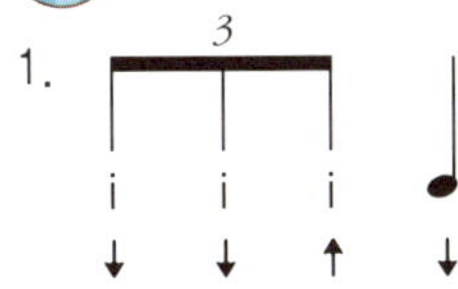

1.

연주 13

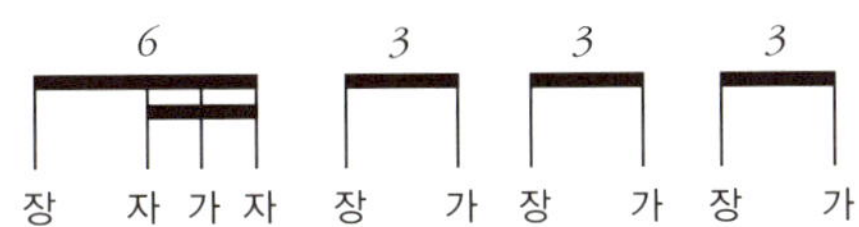

2.

연주 14

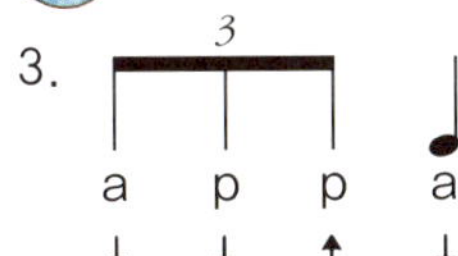

3.

마지막으로 옛날에 플라멩코 기타주자한테 배운 장식음입니다.
견본 연주 패턴은 2번과 같습니다.
장식음은 순식간에 한 덩어리로 치는 게 그 맛인 것 같아요!

운지 테크닉

: 슬라이드, 해머링 온, 풀링오프

이 테크닉들은 스트러밍 한 번에 다양한 소리를 낼 수 있도록 하는 것입니다.

✚ 슬라이드(Slide) 

다음 음을 향해 미끄러지며 잡는다.

이 멜로디는 3번 줄 2프랫을 중지로 잡은 다음, 4프랫으로 슬라이드 하는 것.

2번 줄 3프랫을 검지로 잡은 다음 5프랫으로 슬라이드.

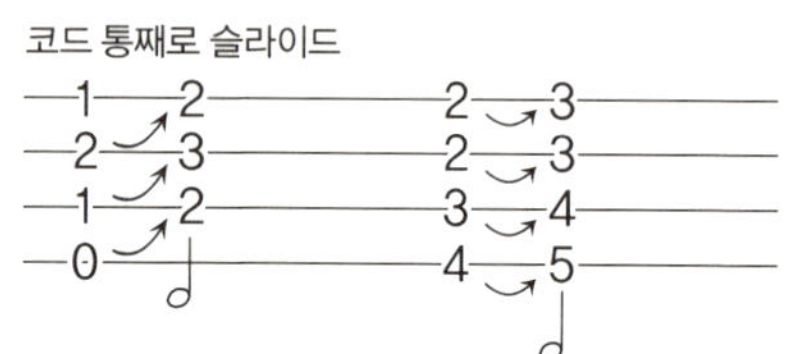

✚ 해머링 온(hammering on) 

말 그대로 망치로 때리는 것 같은 효과.

줄을 튕겨서 소리가 나고 있는 중에 망치로 때리듯 프랫을 짚어준다.

✚ 풀링오프(pulling off) 

프랫을 짚고 있던 왼손가락을 튕기듯 놓는 주법입니다.

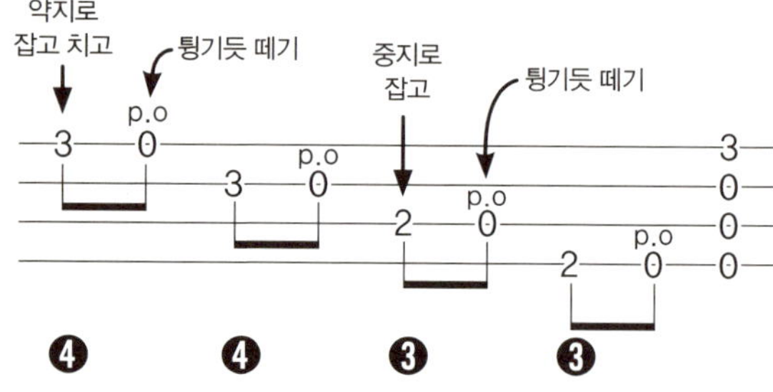

연습만이 살 길이다
자, 그럼 연주 시작~!

연습만이 살 길이다

작사 작곡 하찌

우쿨렐레를 잘 치려면 얼마나 재밌게 우쿨렐레랑 함께 놀아주느냐가 중요하죠!

우쿨렐레란 악기가 노력이란 이미지와는 거리가 멀고 편안한 느낌이잖아요!

비결 중의 하나가 우쿨렐레를 케이스 안에 넣어두지 말고

자꾸 손이 가는 곳에 두는 것입니다.

아침에 깨면 쳐보고 밤에 눈 감기 전에 잠깐 만지고!

또 하나는 친구들이랑 정기적으로 레퍼토리를 늘려서 발표하는 기회를 가지면 좋아요!

사람들 앞에서 30분 연주하는 건 혼자 1년 연습하는 것보다 효과적일 수 있죠!

자~ 오늘도 B♭ 잡아봅시다~! (≧▽≦)

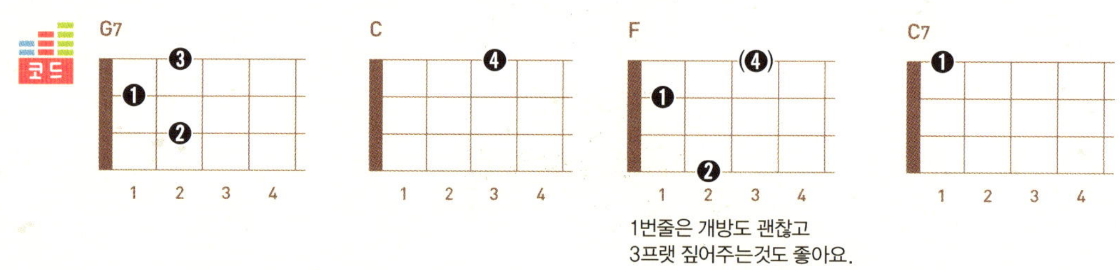

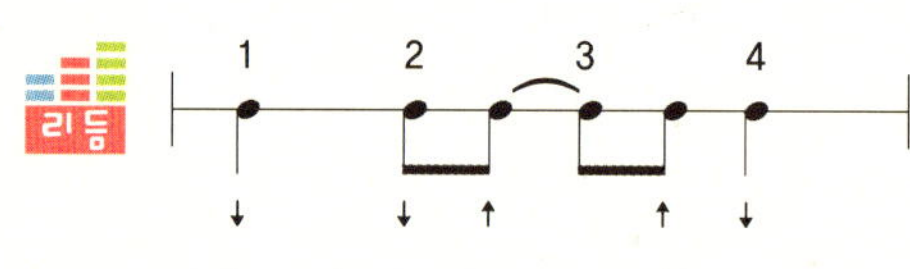

연습만이 살 길이다

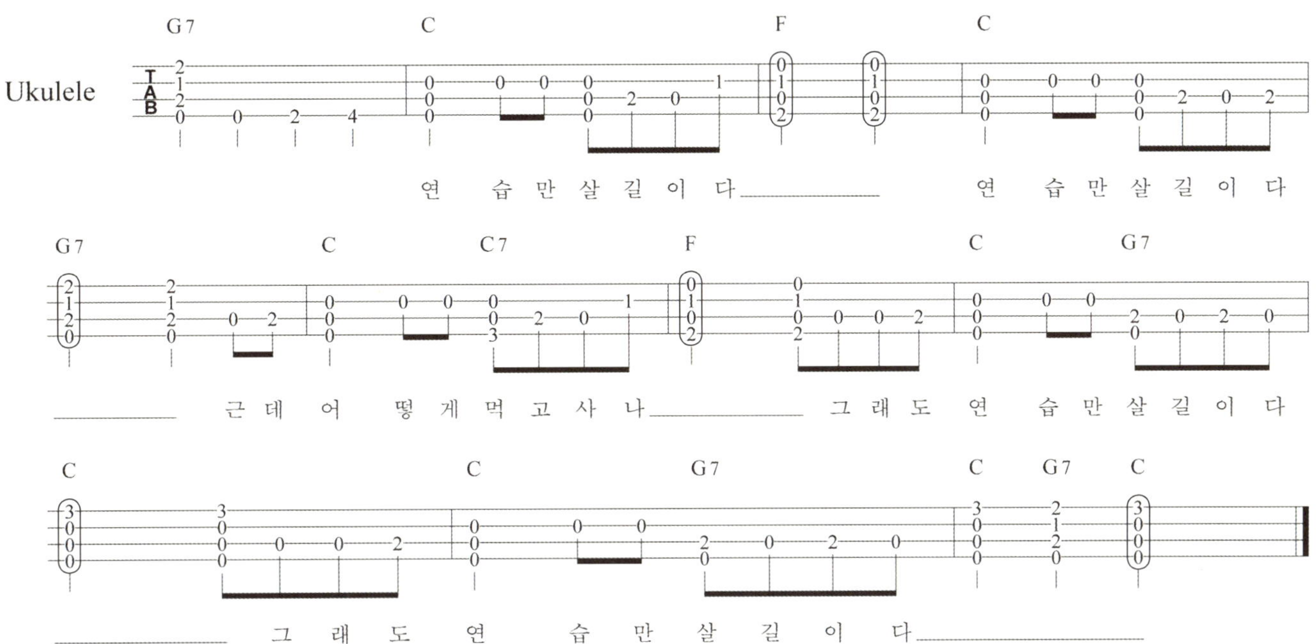

Ukulele
G7   C   F   C
연 습 만 살 길 이 다   연 습 만 살 길 이 다
G7   C   C7   F   C   G7
근 데 어 떻 게 먹 고 사 나   그 래 도 연 습 만 살 길 이 다
C   C   G7   C   G7   C
그 래 도 연 습 만 살 길 이 다

연습만이 살 길입니다!
NO MUSIC NO LIFE

새우깡

작사 이만재 작곡 윤형주

누구든지 즐기는 국민 과자.

1988년부터 광고에 사용된 CM송도 무척 정겹죠. 쎄시봉의 멤버 윤형주 씨의 작품!

❀ 옛날엔 두 번째 소절 '손이 가요' 리듬이 악보대로였는데 언젠가부터 이렇게 변했네요.

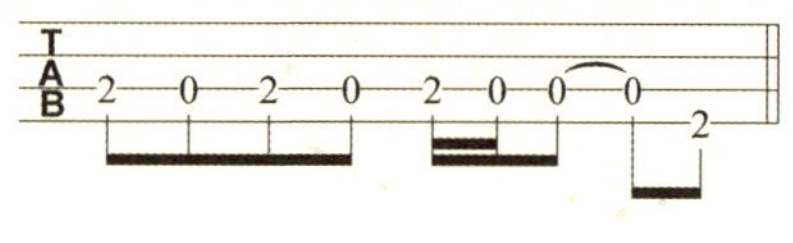

❀ 처음에는 단순하게 업다운으로 치다가, 4박자를 기본으로 하는 칼립소, 트로트 리듬으로도 연주해봅시다.

❀ 이 노래는 밝은 울림을 주는 오음계로 만들어져 있어요. 코드는 단 3개

새우깡

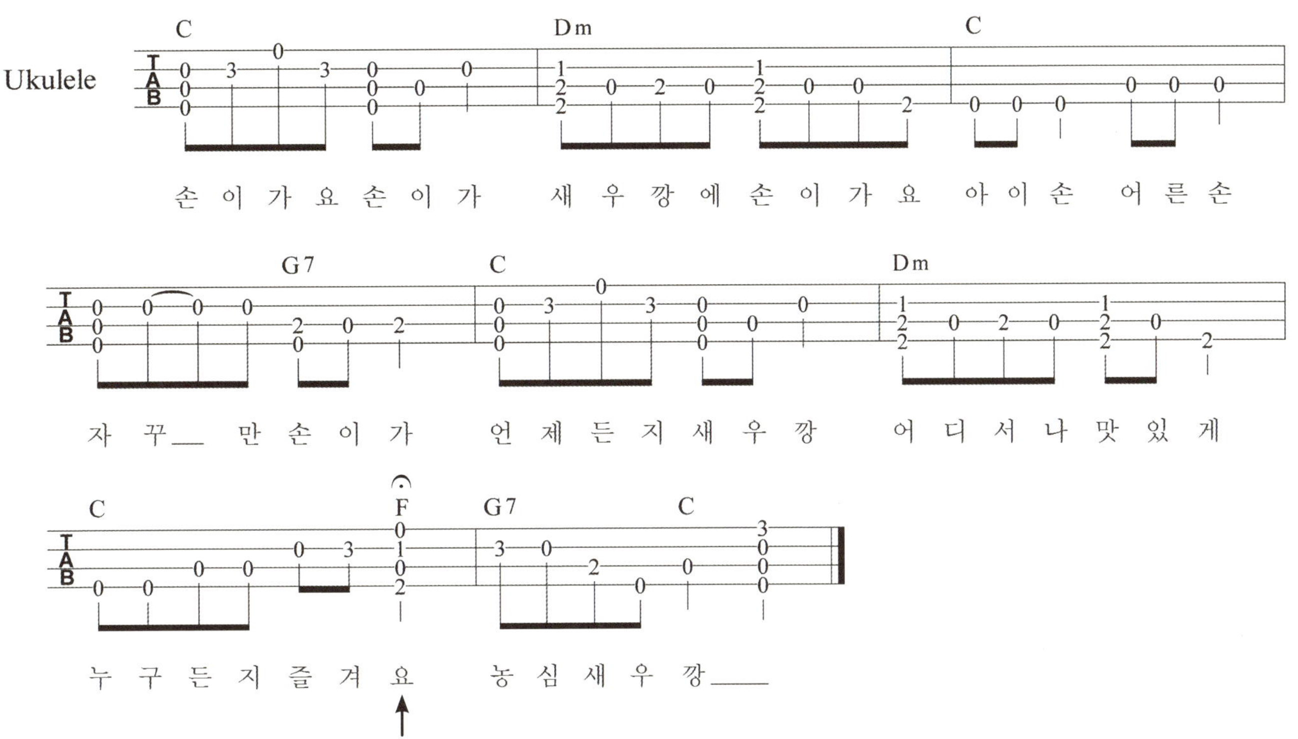

Ukulele
C   Dm   C
손 이 가 요 손 이 가   새 우 깡 에 손 이 가 요   아 이 손   어 른 손
G7   C   Dm
자 꾸__ 만 손 이 가   언 제 든 지 새 우 깡   어 디 서 나 맛 있 게
C   F   G7   C
누 구 든 지 즐 겨 요   농 심 새 우 깡___
적당히 길게^^

생일송

작사 작곡 밀드레드 힐, 패티 스미스 힐

1893년 미국의 힐 자매가 만들었다고 합니다.

원래는 〈Good Morning to All〉이라는 아침 인사 노래였던 것 같아요.

그것이 언젠가부터 개사되어 세상에서 가장 많이 불리는 노래가 되었네요.

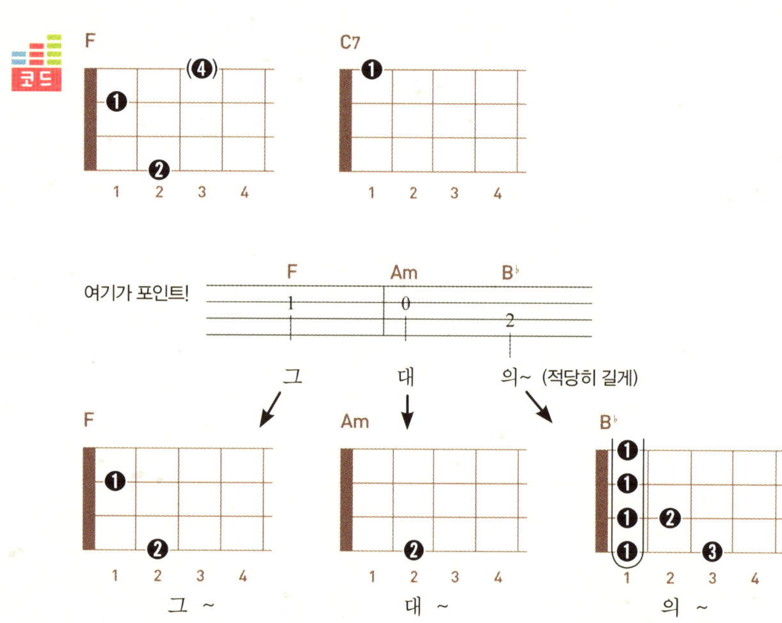

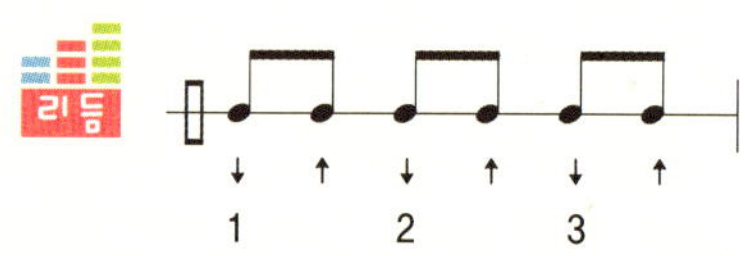

생일송

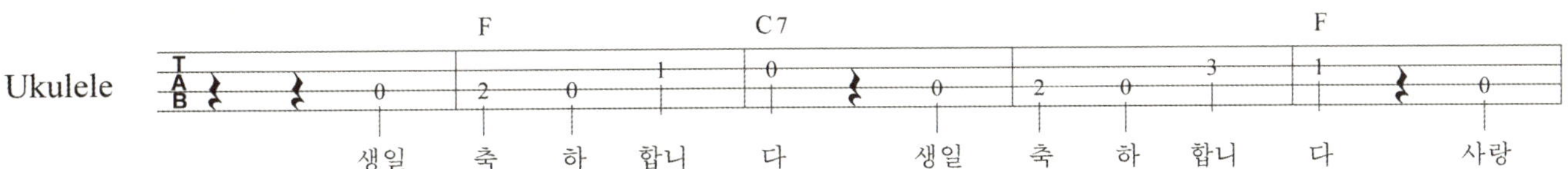

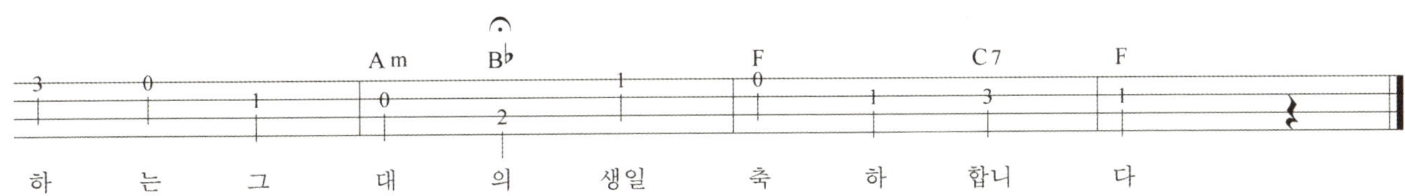

비행기

작사 윤석중

1830년 미국에서 최초로 녹음된 이 동요의 원제는 〈Mary had a little lamb〉.
아동문학가 윤석중 선생님이 한국어 가사를 쓰셨죠.
도레미솔, 네 음만으로 만들어진 이 노래는 우쿨렐레 배우기에 아주 좋습니다.
코드는 단 두 개!

❀ C키, F키, G키 조를 옮겨 세 가지 버전으로 연주해봅시다.
❀ C키에서 F키로 넘어갈땐 C7!
❀ F키에서 G키로 넘어갈땐 D7을!

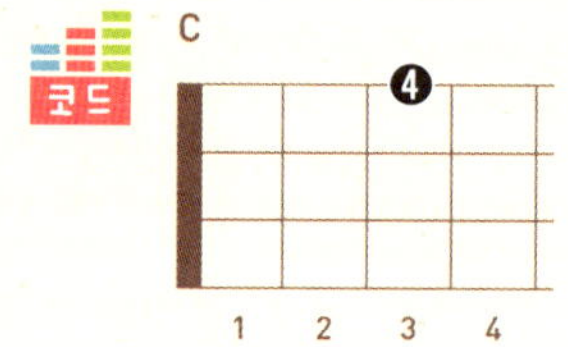
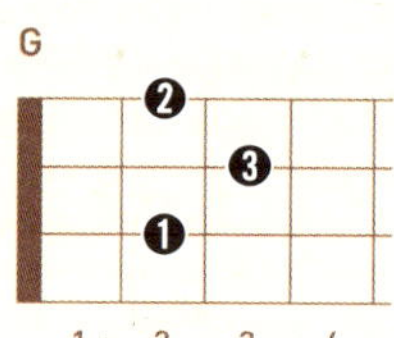
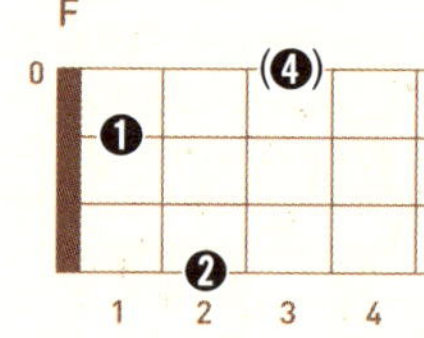
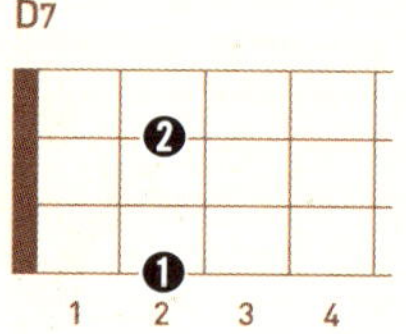

비행기

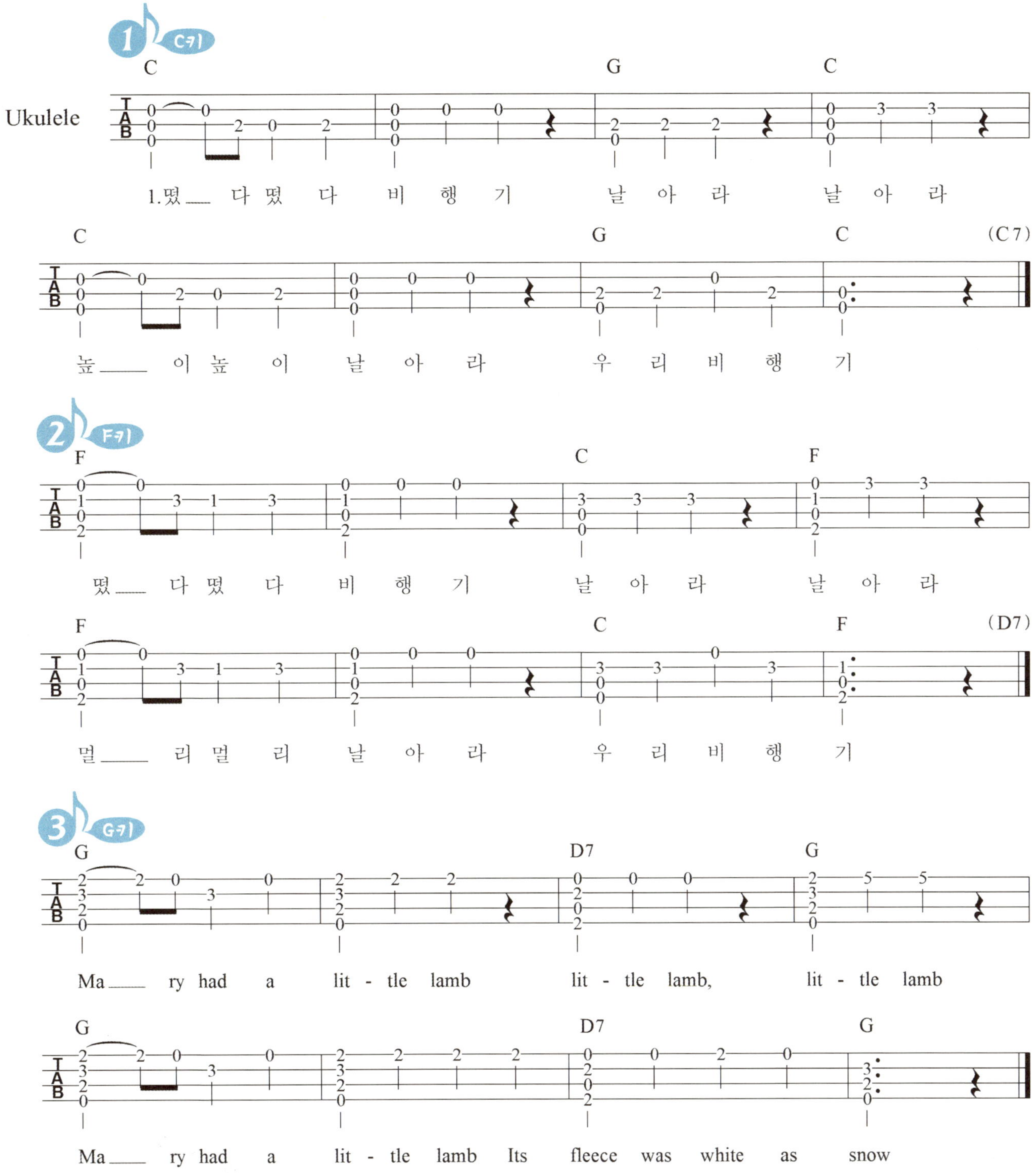
1 C키
Ukulele
C G C
1.떴 다 떴 다 비 행 기 날 아 라 날 아 라
C G C (C7)
높 이 높 이 날 아 라 우 리 비 행 기
2 F키
F C F
떴 다 떴 다 비 행 기 날 아 라 날 아 라
F C F (D7)
멀 리 멀 리 날 아 라 우 리 비 행 기
3 G키
G D7 G
Ma ry had a lit - tle lamb lit - tle lamb, lit - tle lamb
G D7 G
Ma ry had a lit - tle lamb Its fleece was white as snow

옹달샘

작사 윤석중

멜로디는 1835년에 발표된 독일 노래 〈Drunten im Unterland〉입니다.

아동문학가 윤석중 선생님이 너무 예쁜 시를 가사로 지으셨죠.

3/4박자의 이 귀여운 노래를 같이 불러볼까요?

❀ 2번째 마디는 해머링 온으로 연습해봅시다. 

```
     ———————————————
  —(0)—2—(0)—2—
      3
```

먼저 개방줄을 치고 2프랫을 망치로 치는 것처럼
짚어서 소리를 낸다.

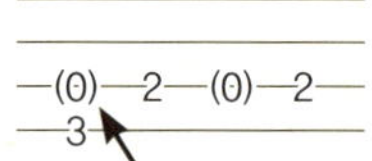 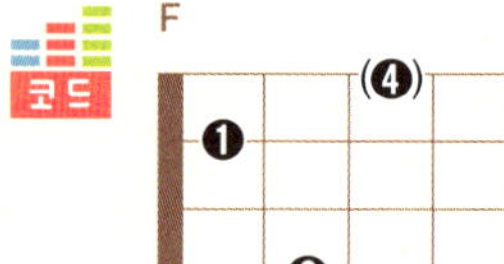 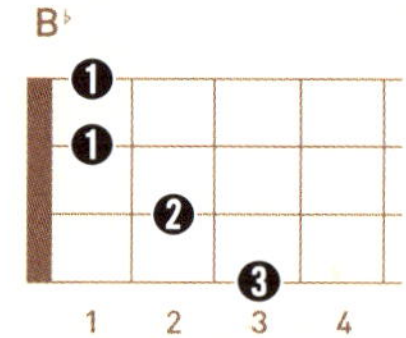 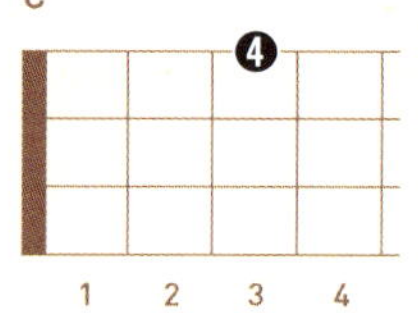

 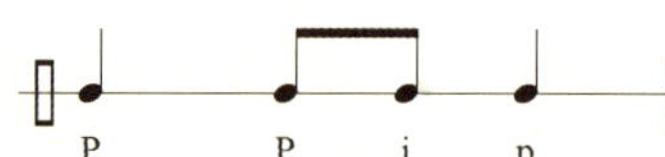

이런 아르페지오로도 해보세요. p p i p

두 번째 마디의 해머링 온을 잘 듣고 따라해보세요.

옹달샘

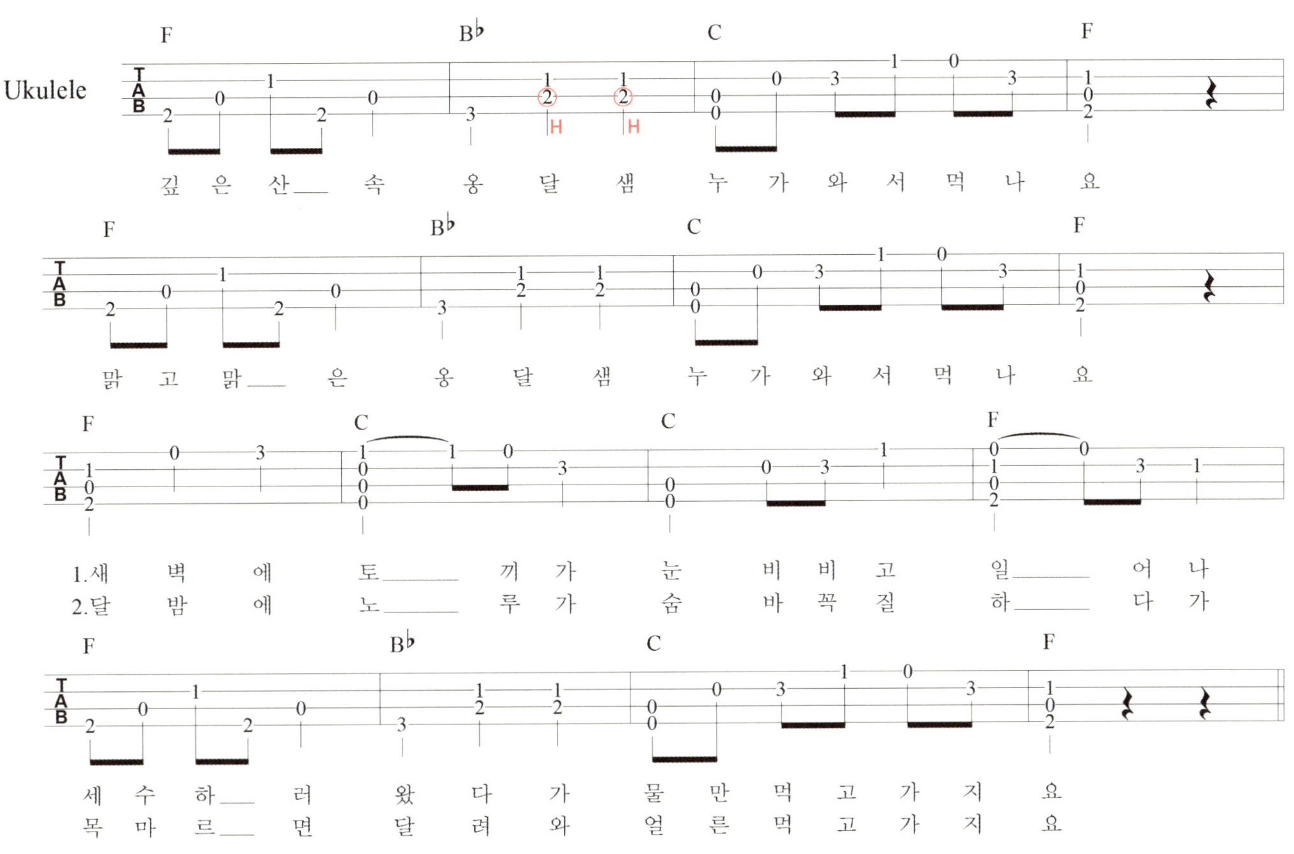

아르페지오 아이디어

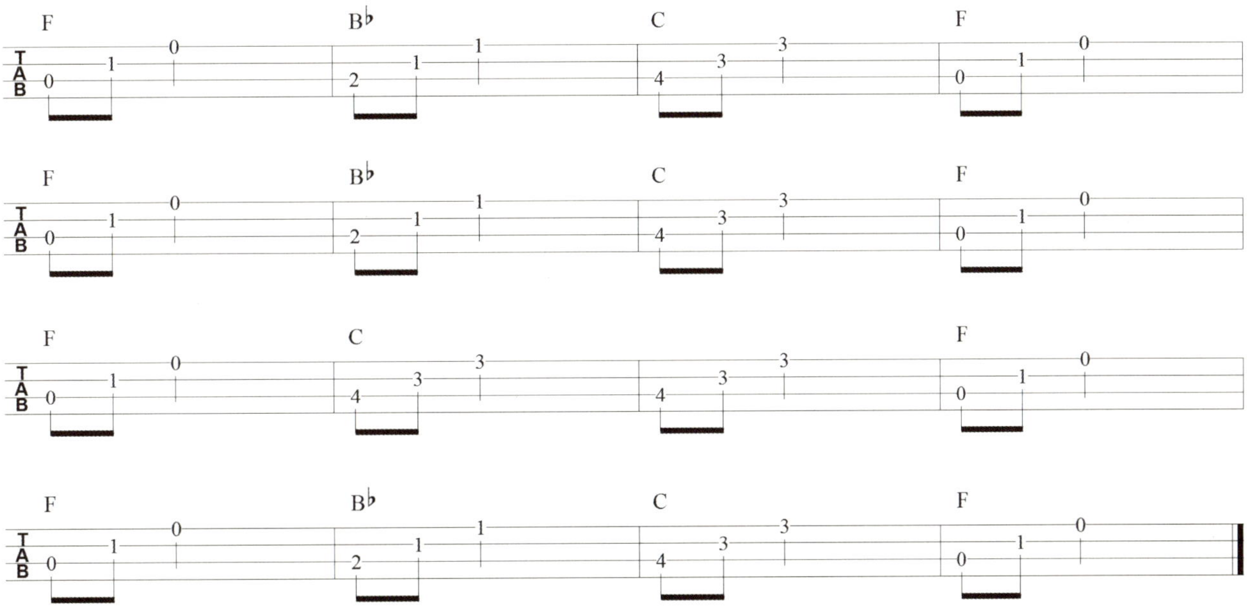

Morning Breeze

작곡 하찌

아르페지오 연습곡 만들어봤어요.

1. 아주 소박한 아르페지오의 대표.
2. 하와이 풍의 p i 로 쳐봅시다.
3. 조금 바빠지죠? 익숙해지면 편해집니다.
   모범 연주에서는 제가 p i 로 쳤는데 p i m a 로도 쳐봅시다!^^
4. 이건 좀 특이한 16비트 아르페지오.
5. 플라멩코 풍 아르페지오~

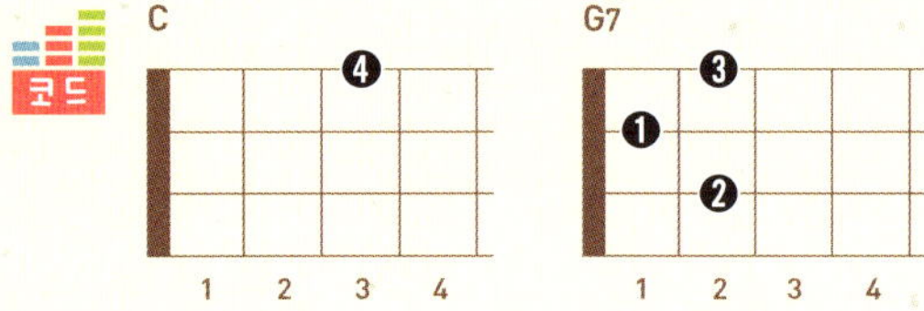

 연주 25

 동영상:주법연습:아르페지오 1~5

Morning Breeze

나비야

오래된 독일민요입니다.

코드가 세 개밖에 없으니 여러 가지 방법으로 연습해봅시다.

규칙성이 없어서 조금 까다롭습니다.

1) 먼저 멜로디만 쳐봅시다. 오른손은 P(검지)로.

노래도 부르면서 코드 반주도 해보세요!

2) 다음은 화음도 같이 쳐봅시다! 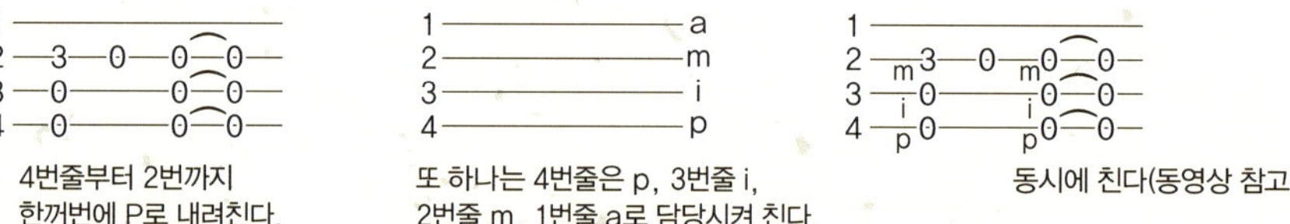

4번줄부터 2번까지
한꺼번에 P로 내려친다.

또 하나는 4번줄은 p, 3번줄 i,
2번줄 m, 1번줄 a로 담당시켜 친다.

동시에 친다(동영상 참고)

이건 제가 평상시에 하는 P만 쓰는 주법이에요.

3) 세 번째 악보는 좀 복잡해 보이죠? 잘 보면 멜로디 사이에 4번줄을 한 번씩 치는 거예요.
동영상 18, 19

처음엔 i로 업피킹하며 연습하다가 익숙해지면, p로 4번줄을 치고, i로 멜로디를 연주해보세요.

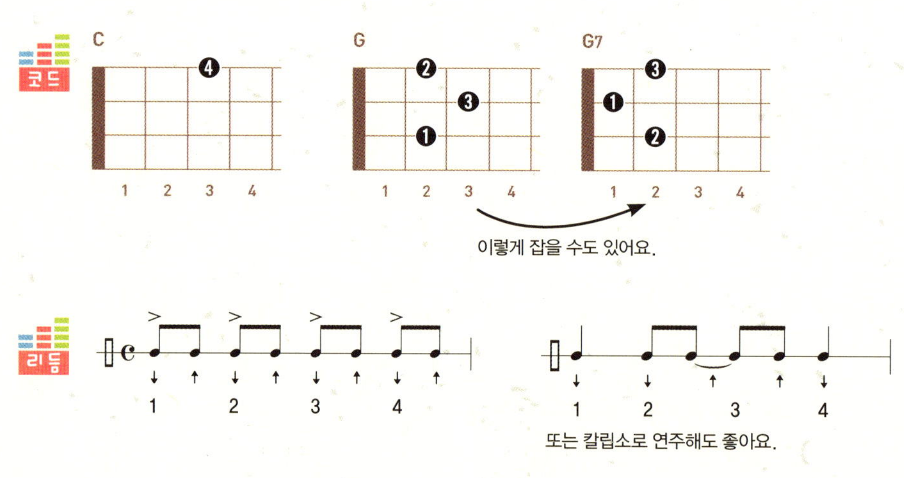

나비야 나비야 이리 날아 오너라

노랑나비 흰나비 춤을 추며 오너라

봄바람에 꽃잎도 방긋방긋 웃으며

참새도 짹짹짹 노래하며 춤춘다

나비야

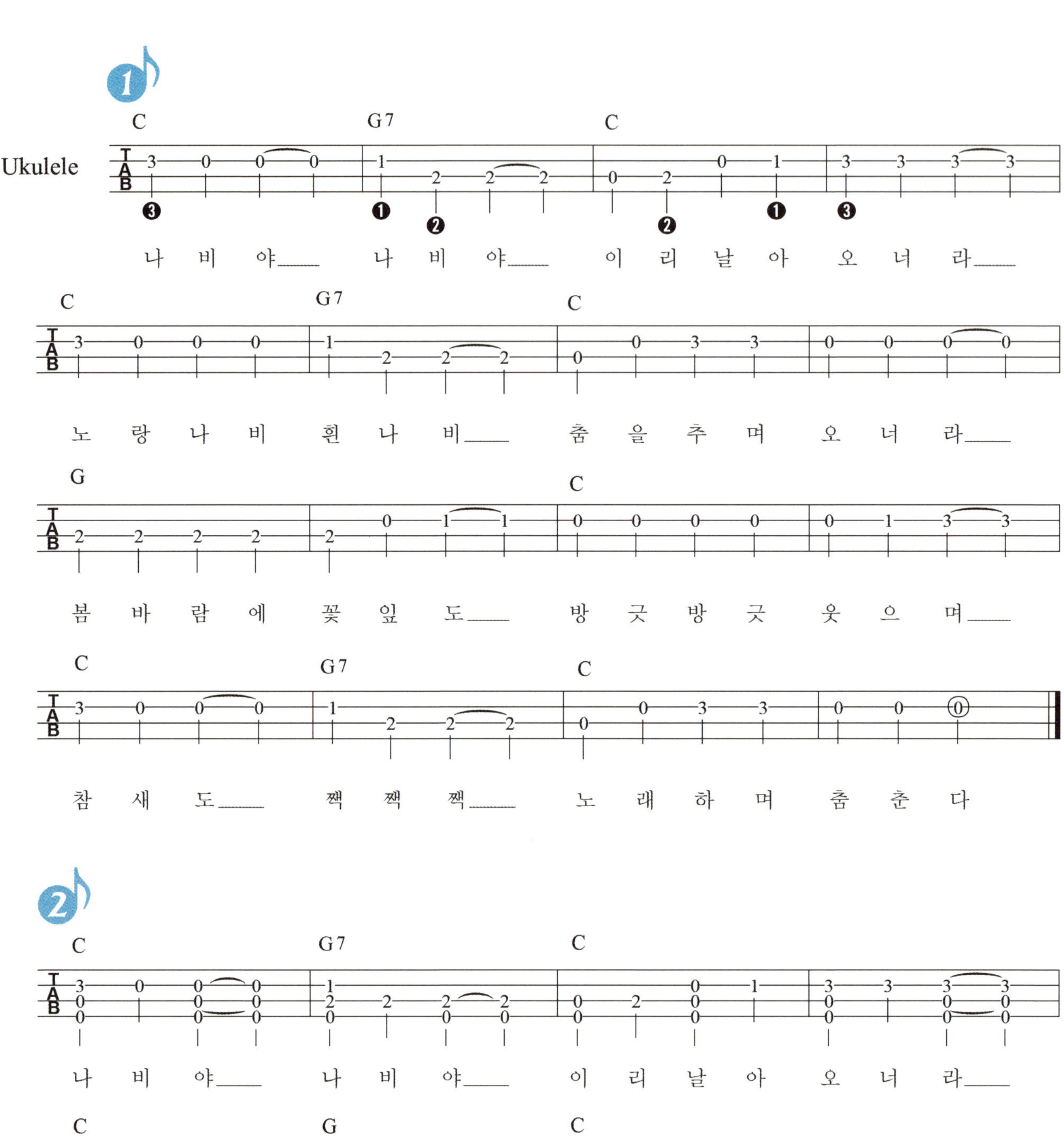

Ukulele
C   G 7   C
나 비 야___ 나 비 야___ 이 리 날 아 오 너 라___
C   G 7   C
노 랑 나 비 흰 나 비___ 춤 을 추 며 오 너 라___
G   C
봄 바 람 에 꽃 잎 도___ 방 긋 방 긋 웃 으 며___
C   G 7   C
참 새 도___ 짹 짹 짹___ 노 래 하 며 춤 춘 다
C   G 7   C
나 비 야___ 나 비 야___ 이 리 날 아 오 너 라___
C   G   C
노 랑 나 비 흰 나 비___ 춤 을 추 며 오 너 라___

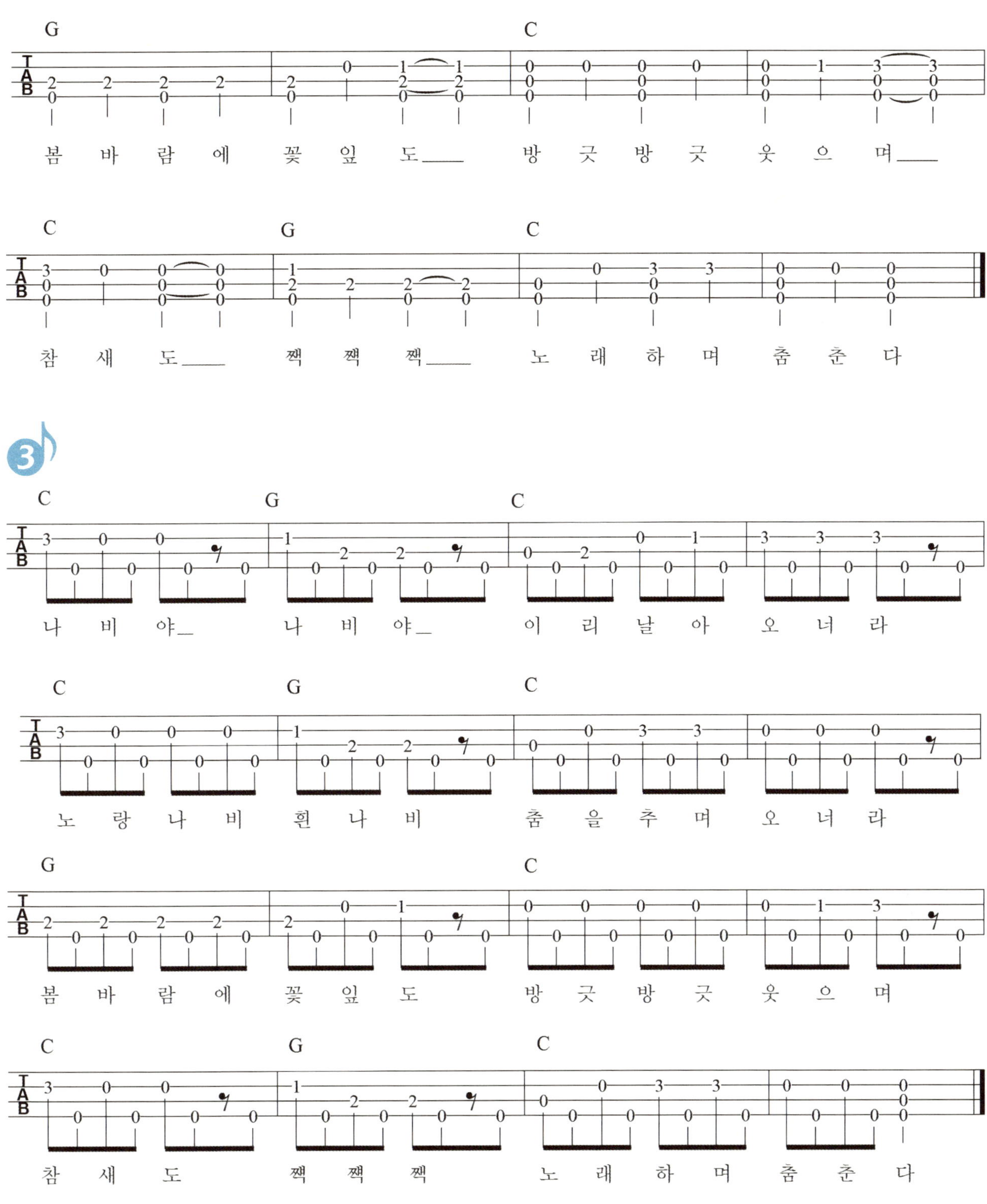

G
봄 바 람 에 꽃 잎 도___ 방 긋 방 긋 웃 으 며___
C   G   C
참 새 도___ 쩍 쩍 쩍___ 노 래 하 며 춤 춘 다
C   G   C
나 비 야_ 나 비 야_ 이 리 날 아 오 너 라
C   G   C
노 랑 나 비 흰 나 비 춤 을 추 며 오 너 라
G   C
봄 바 람 에 꽃 잎 도 방 긋 방 긋 웃 으 며
C   G   C
참 새 도 쩍 쩍 쩍 노 래 하 며 춤 춘 다

You are My Sunshine

작사 작곡 지미 데이비스, 찰스 미첼 한국어 가사 하찌

이 곡은 1933년에 녹음되었답니다!

이 노래를 만든 지미 데이비스는 이후에 루이지애나 주지사가 되었대요.

원래 2절까지 있었는데, 1절이 된 모양이에요.

하찌 편곡 버전은 제가 한국말로 2절 가사를 만들어봤습니다.

🌸 간주는 노래 선율대로 칩니다.

🌸 짠, 짠~ 하고 끝나는 후주도 도전해봅시다.

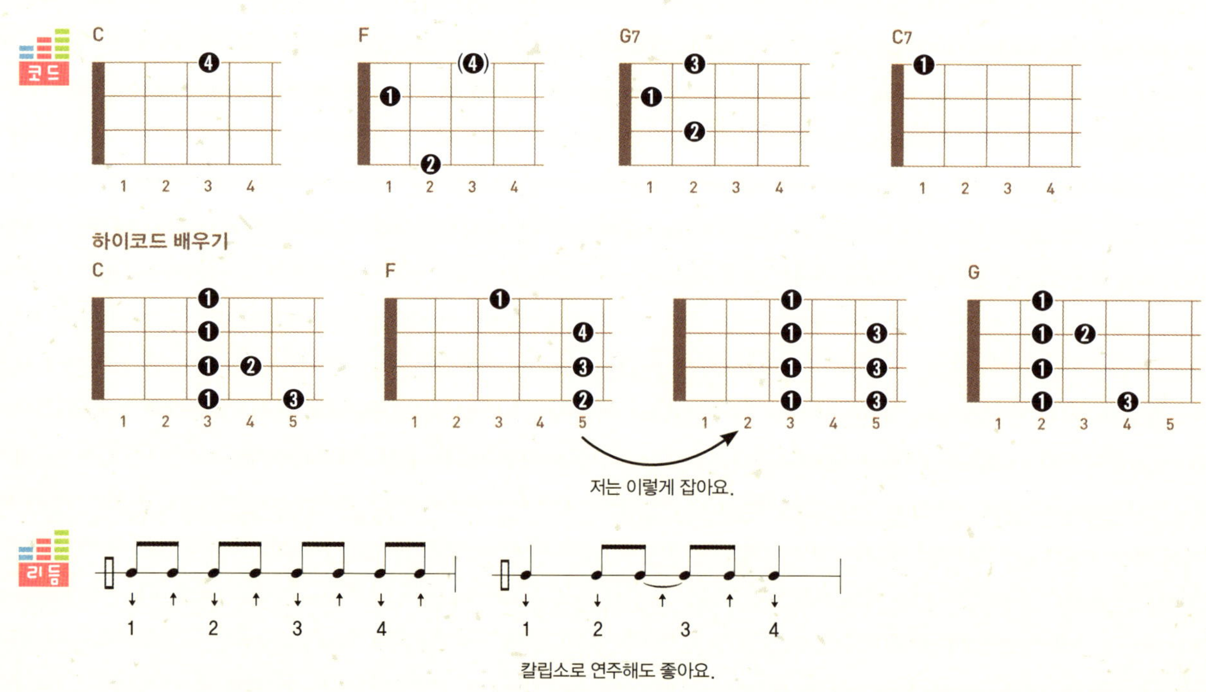

C G7 C

C
A1 you are my sunshine my only sunshine

C7　　　　　　　F　　　　　　　　　　C
you make me happy when skies are gray

C7　　　　　　F　　　　　　　　　　　C
you'll never know dear, how much I love you

C　　　　　C　　　G7　　　　C
please don't take my sunshine away

C
A2 당신은 태양 나만의 태양

C7　　　　F　　　　　　　　　C
난 참 행복해 하늘이 흐려도

C7　　　　F　　　　　　　C
넌 모를 거야 나의 깊은 사랑

　　　　　C　　G7　　　C
제발 날 떠나지 마요

C C C C C7 F F C C7 F F C C C G7 C

C
A3 you are my sunshine, my only sunshine

C7　　　　　　　F　　　　　　　　　　C
you make me happy when skies are gray

C7　　　　　　F　　　　　　　　　　C
you'll never know dear how much I love you

C　　　　　　　　　　　G7　　　C
please don't take my sunshine away

C　　　　　　　　　　　G7　　　C
please don't take my sunshine away

You are My Sunshine

29 C7   F   C
넌 모 를 거___ 야__   나__ 의깊 은 사___ 랑__
33   C   G7   C
제___ 발 날 떠 나 지 마 요
간주
37 C   C
41 C7   F   C
45 C7   F   C
49   C   G7   C   마디5로 이동
D.S. al Coda
53   C   G7   C   C G7 C
Please don't take   my sun shine a - way___

아니 벌써

작사 작곡 김창완

록밴드 〈산울림〉의 1977년 데뷔 곡!

원곡은 일렉 기타가 끝내주는데, 이번엔 〈남쪽 끝섬〉 느낌으로!

❀ 우쿨렐레에 어울리는 테마를 만들어봤어요. (창완씨 봐주세요!) **동영상 20**

❀ 전주, 간주, 후주에 두루 사용하면 멋있습니다.

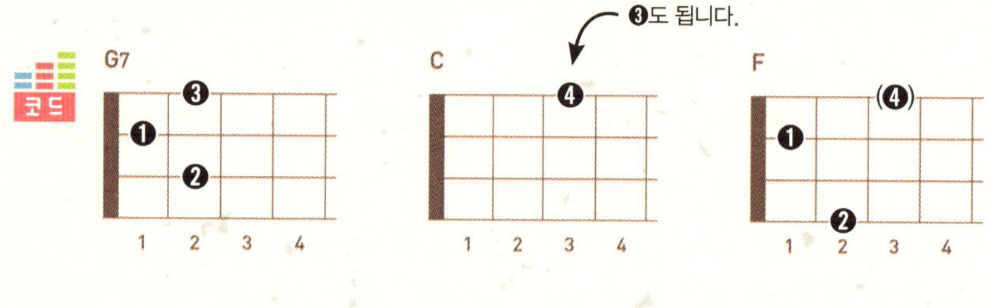

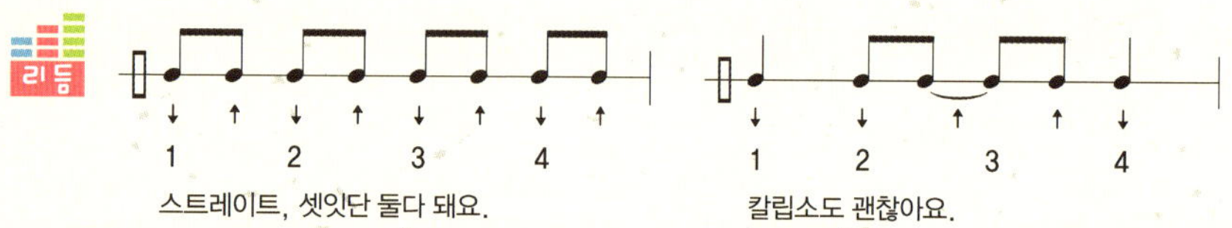

테마 연주팁 : 연주할 때 음의 진행에 따라 지판을 짚는 손가락의 움직임을
최소한으로 하면 연주가 편해집니다.

(악보에 ★표시한 부분)

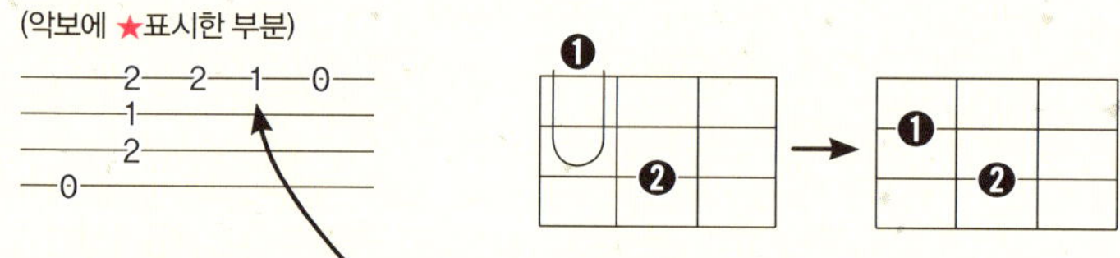

이 음은 1번줄만 치는 거지만 Gm7을 짚고 치면 다음 음을 칠때
1번줄 1프랫만 떼어주면 더이상 손가락 이동을 안 해도 됩니다. 참 쉽죠~?

연주 30

모범 연주처럼 앙상블로 연주하려면

1번 우쿨렐레 : 코드 스트러밍

2번 우쿨렐레 : 코드 아르페지오

테마는 솔로로 연주

♪ 테마 G7 G7 C C

A1 아니 벌써 해가 솟았나 창문 밖이 훤하게 밝았네
G7   C   G7   C

가벼운 아침 발걸음 모두 함께 콧노래 부르며
G7   C   G7   C C7

B1 밝은 날을 기다리는 부푼 마음 가슴에 가득
F   C   F   C

이리저리 지나치는 정다운 눈길 거리에 찼네
F   C   F   C G7 C

♪ 테마 G7 G7 C C

A2 아니 벌써 밤이 깊었나 정말 시간 가는 줄 몰랐네
G7   C   G7   C

해 저문 거릴 비추는 가로등 하얗게 피었네
G7   C   G7   C C7

B2 밝은 날을 기다리는 부푼 마음 가슴에 가득
F   C   F   C

이리저리 지나치는 정다운 눈길 거리에 찼네
F   C   F   C

♪ 후주 G7 G7 C C

아니 벌써-!
G7

아니 벌써

테마
Ukulele
G7
C
1.
2.
G7
C
G7
A1 아 니 벌 써
해 가 솟 았 나___
창 문 밖 이
C
G7
훤 하 게 밝 았 네___
가 벼 운
아 침 발 걸 음
C
G7
C
C7
모 두 함 께
콧 노 래 부 르 며___
F
C
B1 밝 은 날 을 기 - 다 리 는___
F
C
F
C
부_ 푼 마 음 가 슴 에 가 득 이 - 리 저 리 지_ 나 치 는_
F
C
G7
C
정 다 운 눈 길 거 리 에 찼 네_____

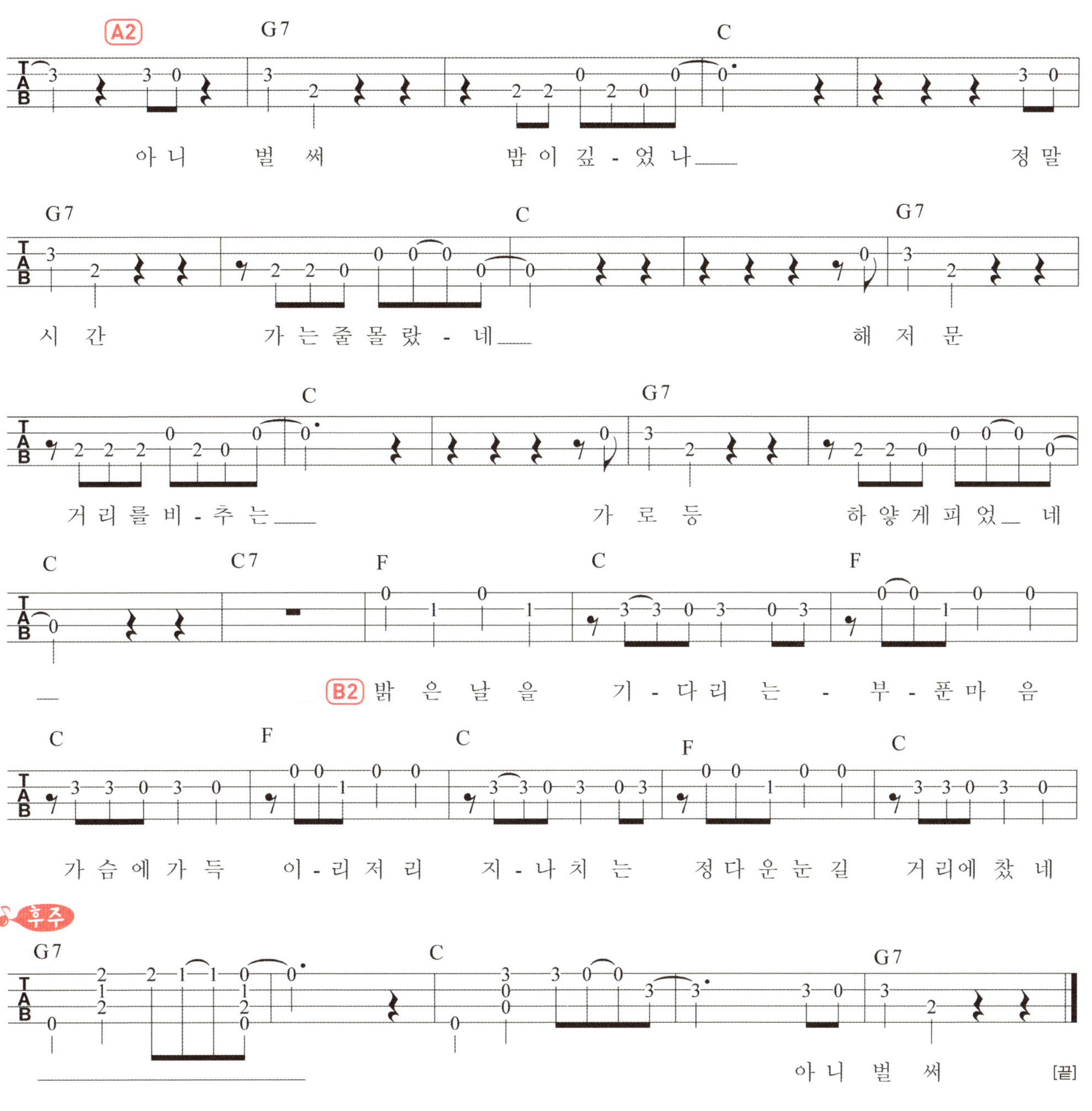

아니 벌써 밤이깊-었나___ 정말
시간 가는줄몰랐-네___ 해저문
거리를비-추는___ 가로등 하얗게피었_ 네
밝은 날을 기-다리 는 - 부-푼마음
가슴에가득 이-리저리 지-나치는 정다운눈길 거리에찼네
아니 벌써 [끝]

여수 旅愁

작곡 존 오드웨이

존 오드웨이는 포스터와 같은 1800년대에 살았던 미국의 작곡가입니다.
원래 제목은 〈Dreaming of Home and Mother〉인데,
이제 미국 사람들에겐 거의 잊혀졌다고 하네요.
한국 일본 중국에서는 지금까지 사랑 받고 있는 노래입니다.

간주부터 솔로 형식으로 화음과 함께 선율을 쳐봅시다.
악보에 표시한 ★부분은 high G의 경우엔 1번 줄, 4번 줄 둘다 됩니다. Low G는 무조건 4번 줄로!
p, i를 쓰는 반주 아이디어는 아래를 참고하세요.

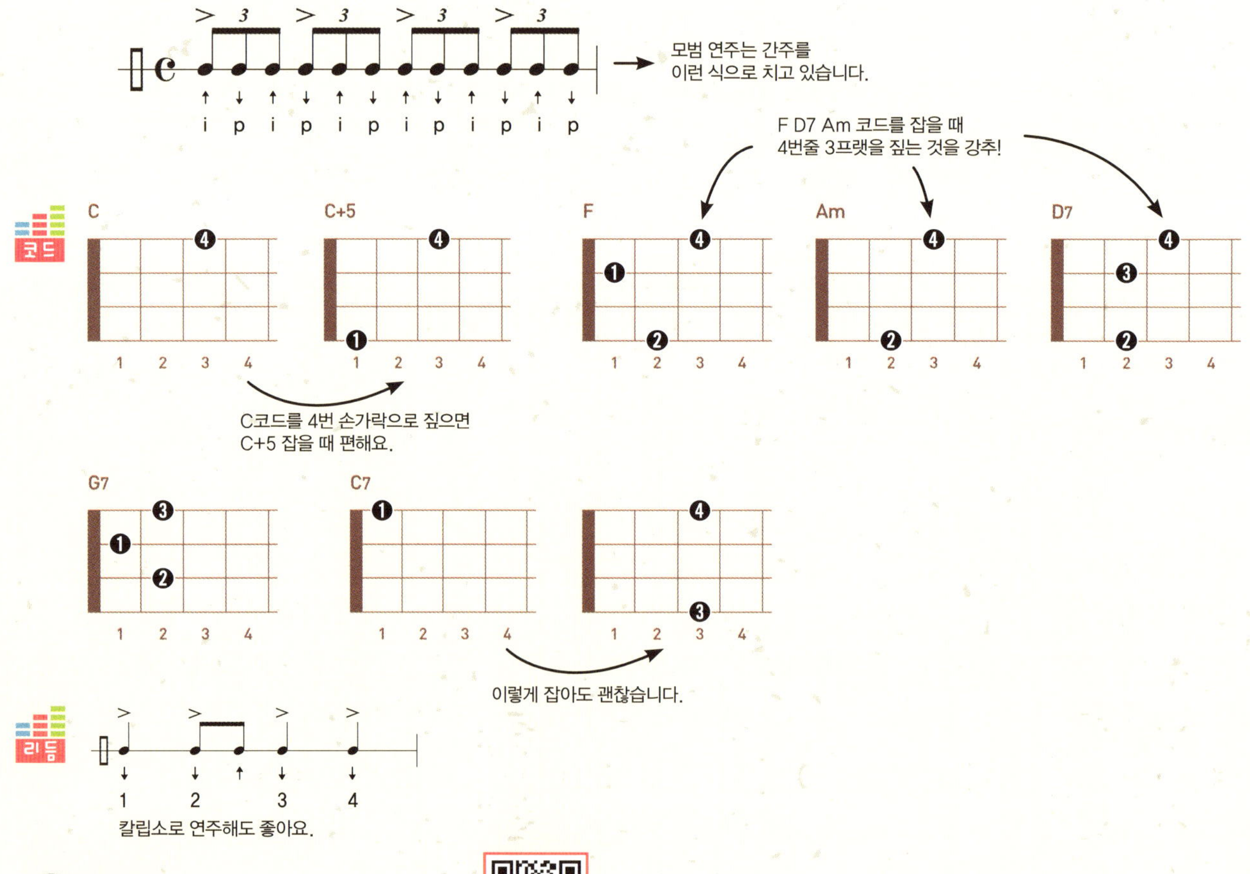

p,i 반주 모범 연주에 나오는 간주 패턴

C G7 C G7

C   C+   F   C   Am   D7   G7
깊어가는 가을 밤에 낯설은 타향에

C   C+   F   C   G7   C   C7
외로운 맘 그지없어 나 홀로 서러워

F   G7   C   F   C   D7   G7
그리워라 나 살던 곳 사랑하는 부모 형제

C   C+   F   C   G7   C   G7
꿈길에도 방황하는 내 정든 옛 고향

C C+ F C Am D7 G7 C C+ F C G7 C C7

F   G7   C   F   C   D7   G7
그리워라 나 살던 곳 사랑하는 부모 형제

C   C+   F   C   G7   C
꿈길에도 방황하는 내 정든 옛 고향

C   C+   F   C   G7   F   C
꿈길에도 방황하는 내 정든 옛 고향

여수

전주
Ukulele
C   G7   C   G7
C   C+   F   C   Am   D7   G7
깊 어 가 는___ 가 을 밤 에   낮 설 은 타 향__ 에
C   C+   F   C   G7   C   C7
외 로 운 맘___ 그 지 없 어   나 홀 로 서 러 워
F   G7   C   F   C   D7   G7
그 리 워 라   나 살 던 곳   사 랑 하 는 부__ 모 형 제
C   C+   F   C   G7   C   G7
꿈 길 에 도___ 방 황 하 는   내 정 든 옛 고 향
간주
C   C+   F   C   Am   D7   G7

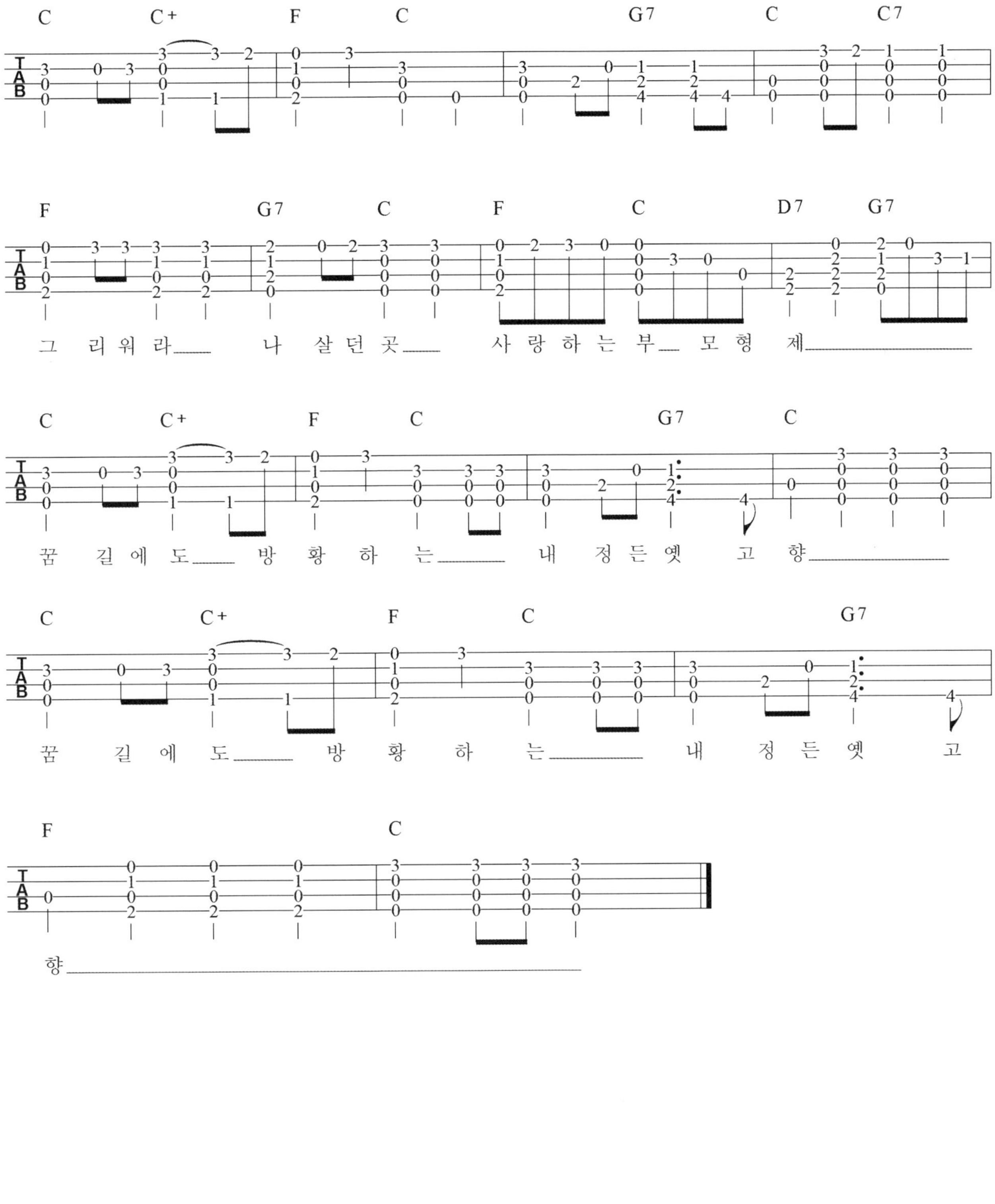

그 리 워 라____ 나 살 던 곳____ 사 랑 하 는 부__ 모 형 제____

꿈 길 에 도____ 방 황 하 는____ 내 정 든 옛 고 향____

꿈 길 에 도____ 방 황 하 는____ 내 정 든 옛 고

향 ____

늴리리 맘보

작사 **탁소연** 작곡 **나화랑**

1959년에 발표된 김정애씨의 노래입니다.

50년 넘게 지났어도 전혀 촌스럽지 않고 아직도 신나는 곡조예요!

❀ 어딘가 TV 가요쇼에서 들은 편곡 테마를 빌렸습니다. 너무 어려우면 코드만 쳐도 됩니다.

❀ 후주도 도전!

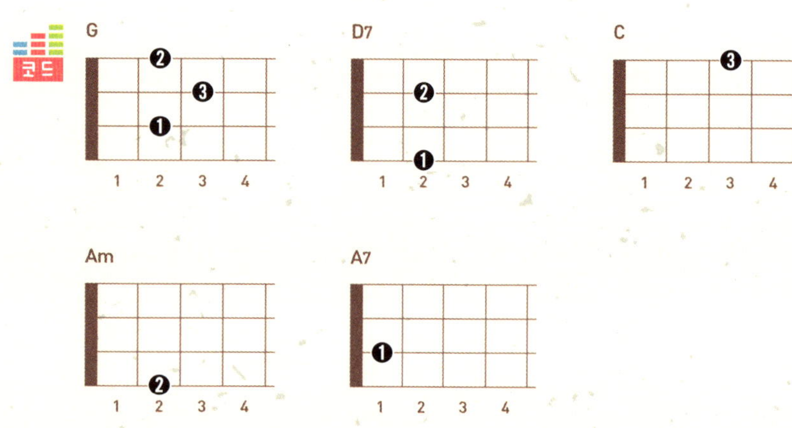

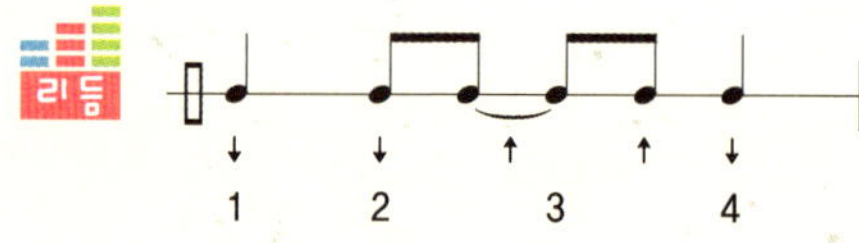

음원처럼 앙상블로 연주하려면
1번 우쿨렐레 : 코드 스트러밍
2번 우쿨렐레 : 테마 아르페지오

B1
닐리리야 닐리리 닐리리 맘보
닐리리야 닐리리 닐리리 맘보

A1
정다운 우리님 닐리리 오시는 날에
원수의 비바람 닐리리 비바람 불어온다네
님가신 곳을 알아야 알아야지
나막신 우산 보내지 보내드리지

B2
닐리리야 닐리리 닐리리 맘보
닐리리야 닐리리 닐리리 맘보

A2
춘삼월 봄바람 닐리리 불어온다면
나뭇가지마다 닐리리 꽃잎은 떨어진다네
우리님 언제 오시나 언제 오시나
야속히 울려만 주네 울려만 주네

B3
닐리리야 닐리리 닐리리 맘보
닐리리야 닐리리 닐리리 맘보 닐리리 맘보

닐리리 맘보

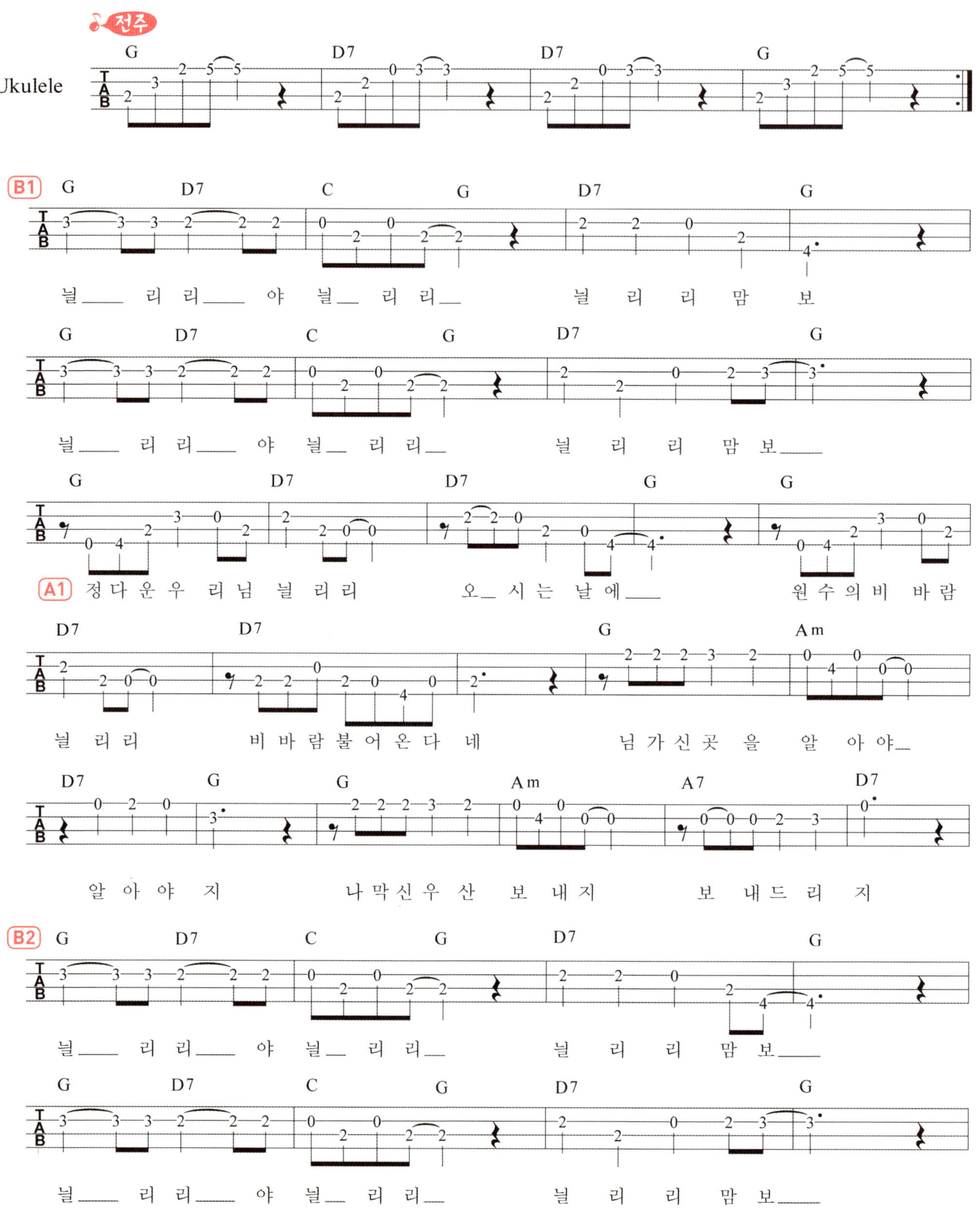

전주
Ukulele
G D7 D7 G
B1 G D7 C G D7 G
닐___ 리 리___ 야 닐__ 리 리__ 닐 리 리 맘 보
G D7 C G D7 G
닐___ 리 리___ 야 닐__ 리 리__ 닐 리 리 맘 보___
G D7 D7 G G
A1 정 다 운 우 리 님 닐 리 리 오_ 시 는 날 에___ 원 수 의 비 바 람
D7 D7 G Am
닐 리 리 비 바 람 불 어 온 다 네 님 가 신 곳 을 알 아 야_
D7 G G Am A7 D7
알 아 야 지 나 막 신 우 산 보 내 지 보 내 드 리 지
B2 G D7 C G D7 G
닐___ 리 리___ 야 닐__ 리 리__ 닐 리 리 맘 보___
G D7 C G D7 G
닐___ 리 리___ 야 닐__ 리 리__ 닐 리 리 맘 보___

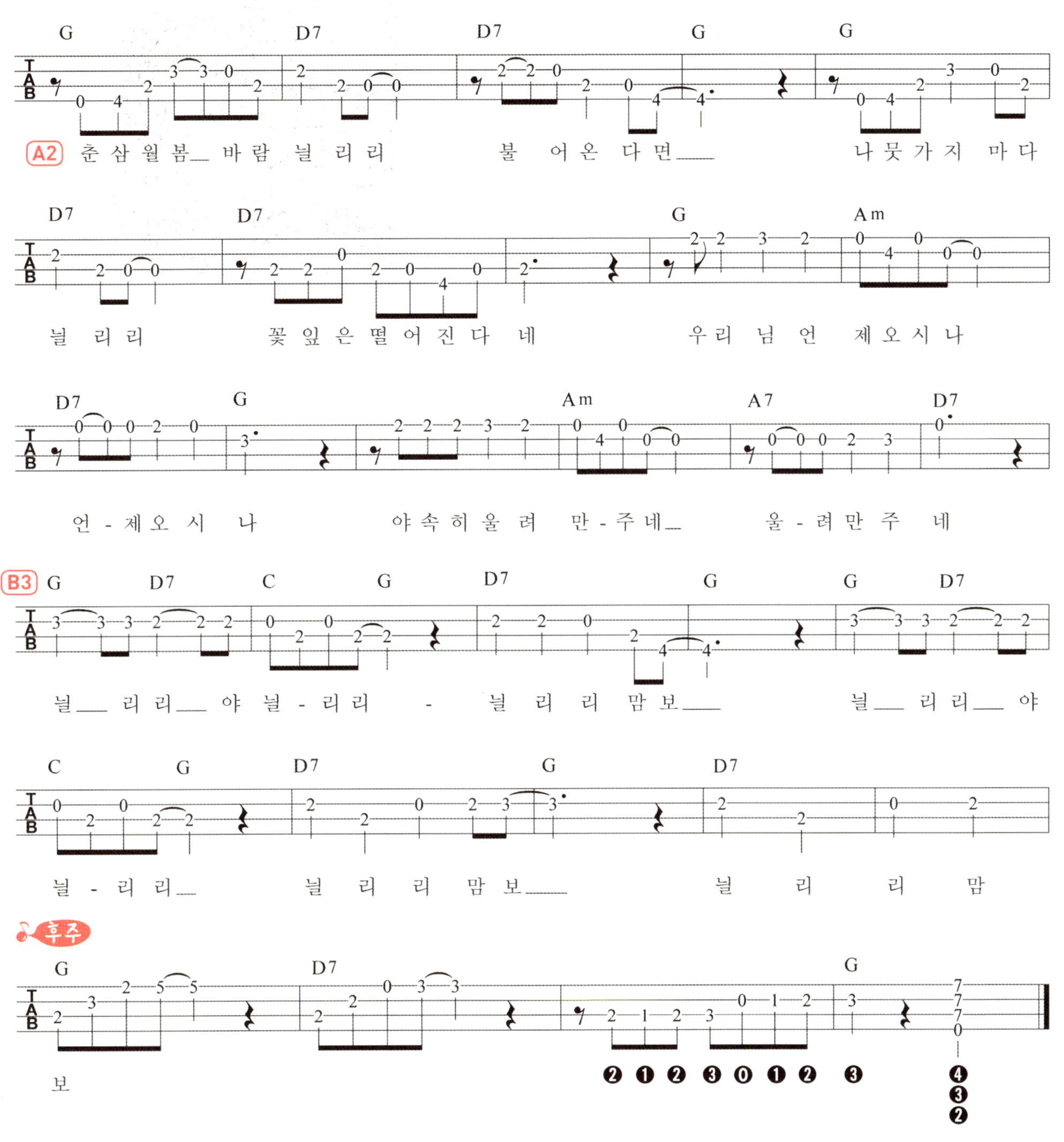

A2 춘삼월봄__바람 닐리리
불 어온 다면___
나뭇가지 마다
닐 리 리
꽃잎은떨어진다 네
우리 님 언 제오시나
언 - 제오 시 나
야속히울려 만 - 주네__
울 - 려만 주 네
B3 널__리리__야 닐 - 리리 - 닐리리 맘 보__
널__리리__ 야
닐 - 리리__ 닐리리 맘 보___
닐 리 리 맘
보

Stand by Me

작사 작곡 벤 E. 킹

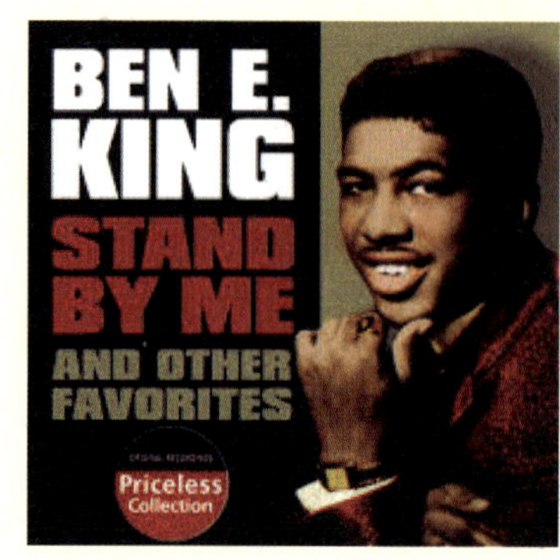

1961년, 미국의 유명한 그룹 〈드리프터즈The Drifters〉의
벤 E. 킹이 만들어 히트한 노래입니다.
존 레논도 불렀죠.

❀ Stand by Me의 아~주 유명한 테마를 우쿨렐레 버전으로 만들어봤어요.
❀ 진행은 테마-A1-B1-A2-B2-간주-B3 순서입니다.
❀ 간주는 존 레논 버전을 참고해서 편곡해봤어요.
❀ 마지막 B3은 적당히 반복하세요.

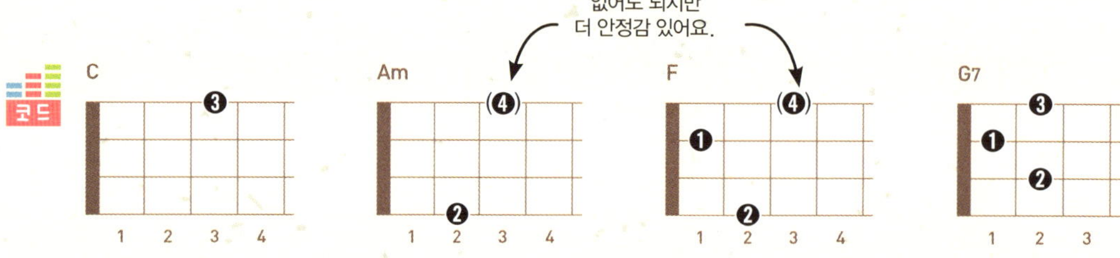

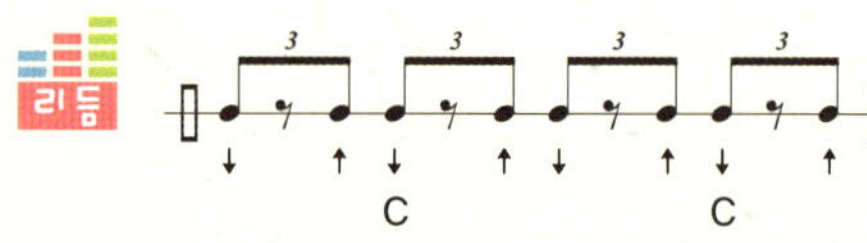

우쿨렐레답게 셋잇단으로 연주해봅시다.
비트감을 살리려면 C부분에서 커팅 액센트를 넣어보세요.

A1

　　　　　　　C　　　　　　C　　Am
When the night has come, and the land is dark

　　　　　　　　　F　　　　G　　　　　　C　　C
And the moon is the only light we will see

　　　　　C　　　　　　　　Am
No, I won't be afraid, oh, I won't be afraid

　　　　　　F　　　　　　G7　　　　　　　　　C
Just as long as you stand, stand by me So darling darling

B1

　　C　　　　　　Am
stand by me Oh stand by me

　　F　　　　　　　G7　　　　C
Oh stand, stand by me, stand by me

A2

　　　　　C　　　　　　　　Am
If the sky that we look upon should tumble and fall

　　　　　　F　　　　　　G7　　　C
Or the mountain should crumble to the sea

　　　　C　　　　　　　　Am
I won't cry, I won't cry, no, I won't shed a tear

　　　　F　　　　　　G7　　C
Just as long as you stand, stand by me

B2

　　C　　　　　　　　　Am
And darling darling stand by me Oh stand by me

　　F　　　　　G7　　　C
Oh stand stand by me stand by me

　　　C
Whenever you're in trouble

B3

　　C　　　　　Am
stand by me Oh stand by me

　　F　　　　　G7　　　C
Oh stand stand by me stand by me

Stand by Me

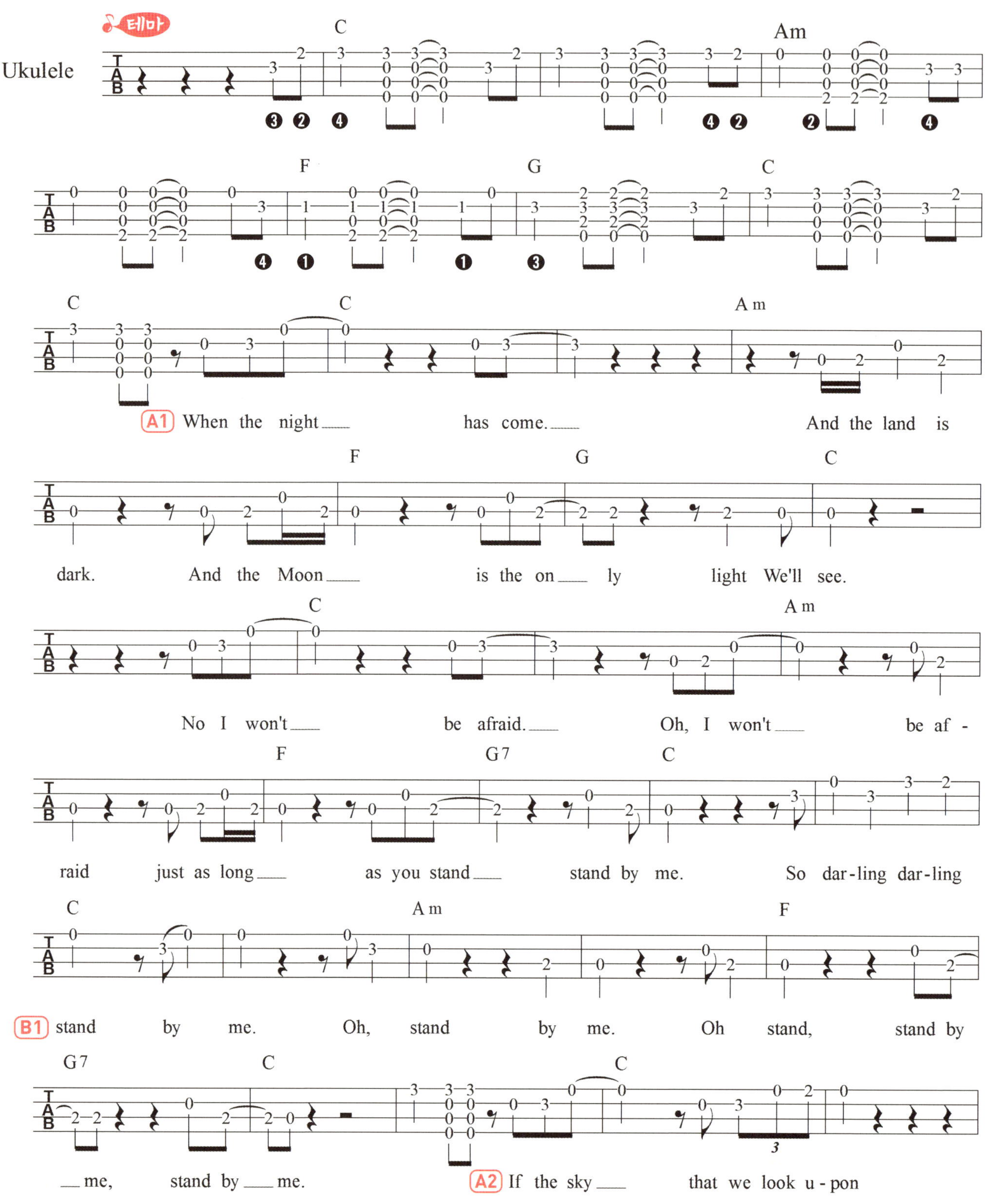

Ukulele
C
Am
F
G
C
C
C
Am
F
G
C
C
Am
F
G7
C
C
Am
F
G7
C
C
A1 When the night has come. And the land is
dark. And the Moon is the on ly light We'll see.
No I won't be afraid. Oh, I won't be af -
raid just as long as you stand stand by me. So dar-ling dar-ling
B1 stand by me. Oh, stand by me. Oh stand, stand by
me, stand by me.
A2 If the sky that we look u-pon

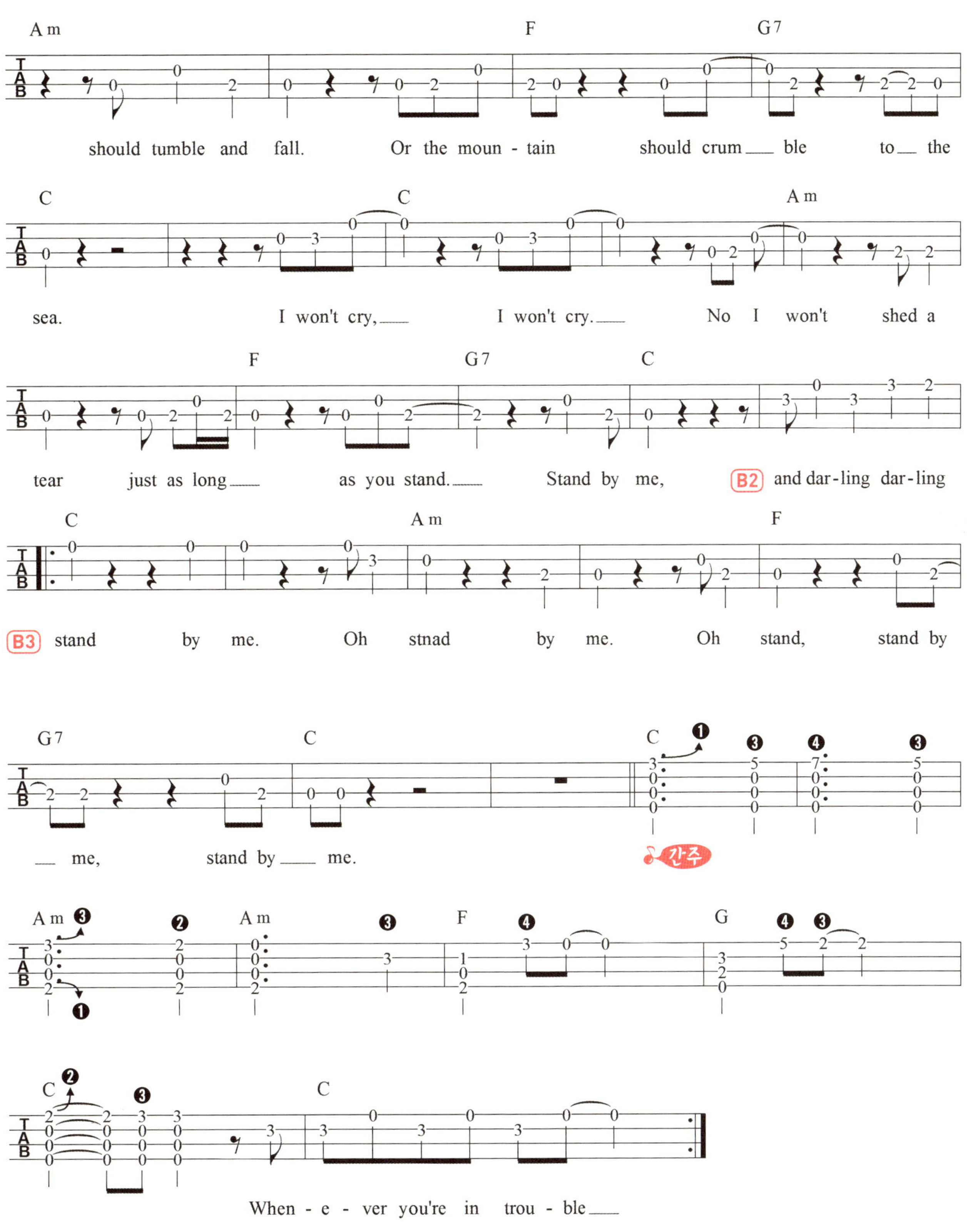

Am
should tumble and fall.
F
Or the moun - tain
G7
should crum ___ ble to ___ the
C
sea.
C
I won't cry, ___ I won't cry. ___
Am
No I won't shed a
F
tear just as long ___
G7
as you stand. ___
C
Stand by me,
B2 and dar - ling dar - ling
C
B3 stand by me.
Am
Oh stnad by me.
F
Oh stand, stand by
G7
___ me,
C
stand by ___ me.
C
간주
Am
F
G
C
C
When - e - ver you're in trou - ble ___

제주도의 푸른 밤

작사 작곡 최성원

들국화의 멤버 최성원씨가 솔로로 활동할 때 만든 히트곡이죠.

* 간주 시작할 때 F는 Fmaj7으로 하면 더 좋아요.
* 간주는 소박한 버전과 하이코드로 치는 상급 버전이 있어요.
* Em7 부분은 Em로 해도 되는데 어려우니까 그냥 Em7으로.

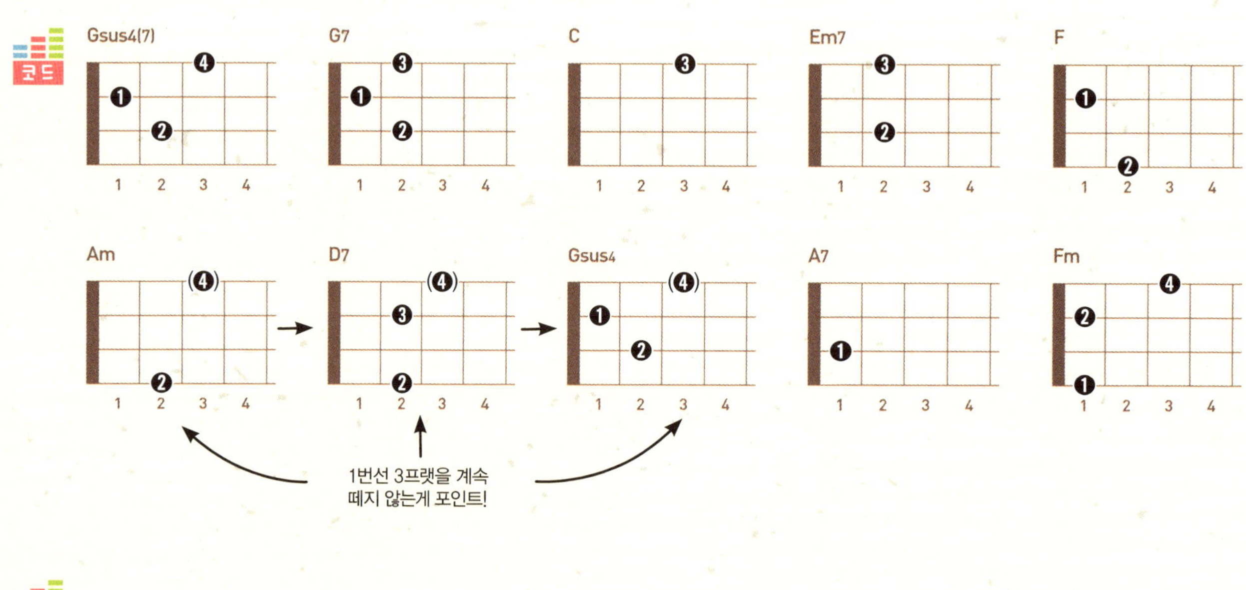

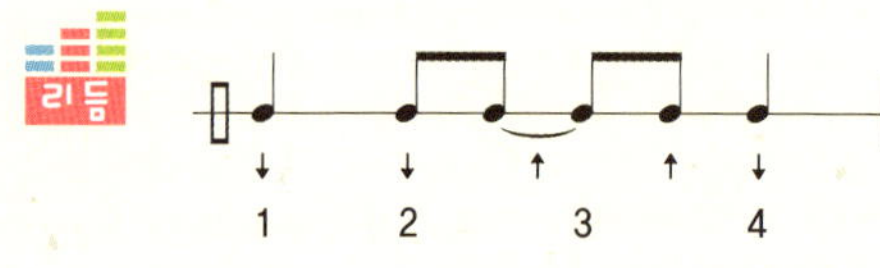

앙상블로 연주할 때, 한 명은 코드를, 한 명은 멜로디를 연주하면 멋져요.

소박한 간주

G7sus4 G7

A1

C   Em7   F   C   Am   D7   G7sus4 G7
떠나요 둘이서 모든 것 훌훌 버리고 제주도 푸른 밤 그 별 아래

C   Em7   F   C   Am   D7   G7sus4 G7
이제는 더이상 얽매이긴 우리 싫어요 신문에 TV에 월급봉투에

F   G7   C   Am   F   G7   C   Am
아파트 담벼락보다는 바달 볼 수 있는 창문이 좋아요

F   G7   C   Am   D7   G7sus4 G7
낑깡밭 일구고 감귤도 우리 둘이 가꿔봐요

C   Em7   F   C
정말로 그대가 외롭다고 느껴진다면

Am   D7   G7   C
떠나요 제주도 푸른 밤 하늘 아래로

F Em7 A7 Dm Fm C D7 G7sus4 G7

A2

C   Em7   F   C   Am   D7   G7sus4 G7
떠나요 둘이서 힘들 게 별로 없어요 제주도 푸른 밤 그 별 아래

C   Em7   F   C   Am   D7   G7sus4 G7
그동안 우리는 오랫동안 지쳤잖아요 술집에 카페에 많은 사람에

F   G7   C   Am   F   G7   C   Am
도시의 침묵보다는 바다의 속삭임이 좋아요

F   G7   C   Am   D7   G7sus4 G7
신혼부부 밀려와 똑같은 사진 찍기 구경하며

C   Em7   F   C
정말로 그대가 재미없다 느껴진다면

Am   D7   G7   C
떠나요 제주도 푸르매가 살고 있는 곳

제주도의 푸른 밤

Ukulele
G7sus4   G7   C   Em7   F
A1 떠나요___ 둘이서___ 모든 것 훌훌버리
A2 떠나요___ 둘이서___ 힘들게 별로없어
C   Am   D7   G7sus4   G7
고   제주도___ 푸른밤___ 그별아래___   이제는
요   그동안
C   Em7   F   C   Am
_   더이상___ 얽매이긴 우리싫어요 신문에___   TV에
_   우리는___ 오랫동안 지쳤잖아요 술집에___   카페에
D7   Gsus4   G7   F   G7
_   월급봉투___에___   아파__트담 벼락
_   많은사람__에___   도시__의침 묵__
C   Am   F   G7   C   Am   F   G7
보다__는 바달 볼수있는창 문이좋아 요___ 낑깡__ 밭일 구고
보다__는 바다의__속__삭 임이좋아 요___ 신혼부부밀 려와
C   Am   D7   Gsus4   G7
감 귤도 우리둘이__ 가꿔봐요___   정말로
똑 같은 사진찍기__ 구경하며___

C
Em7
F
C
그 대 가___
외 롭 다 고 느 껴 진 다 면
재 미 없 다 느 껴 진 다 면
떠 나 요
Am
D7
G7
C
제 주 도___
푸 른 밤 하 늘 아 래___ 로___
푸 르 매 가 살 고 있 는___ 곳___
간주
F
Em
A7
Dm
Fm
C
D7
Gsus4
G7
5프랫 세하
A2 로
소박한 간주
F
Em7
A7
Dm
Fm
C
D7
Gsus4
G7

Be My Baby

작사 작곡 필립 스펙터, 제프 배리, 엘리 그리니치

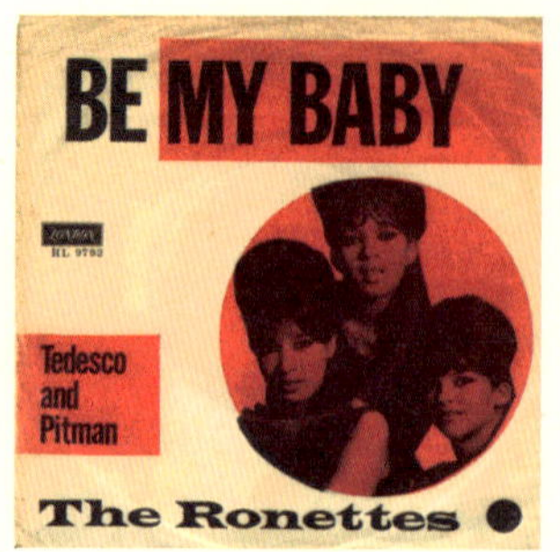

미국에서 1960년에 활동했던 3인조 걸그룹 〈로네츠The Ronnettes〉가

1963년 발표해 히트했던 노래!

패트릭 스웨이지 주연의 1987년 영화 〈더티 댄싱〉의 삽입곡으로 널리 알려졌죠.

완전 이쁘고 사랑스런 이 노래, 모두 같이 불러봅시다~!

🌸 후렴의 B 파트는 리드 보컬이랑 코러스 파트가 나누어져요. 혼자 부를 땐 코러스 파트를 부릅니다.
🌸 B2의 'oh oh oh~' 다음은 적당히 반복하세요~!

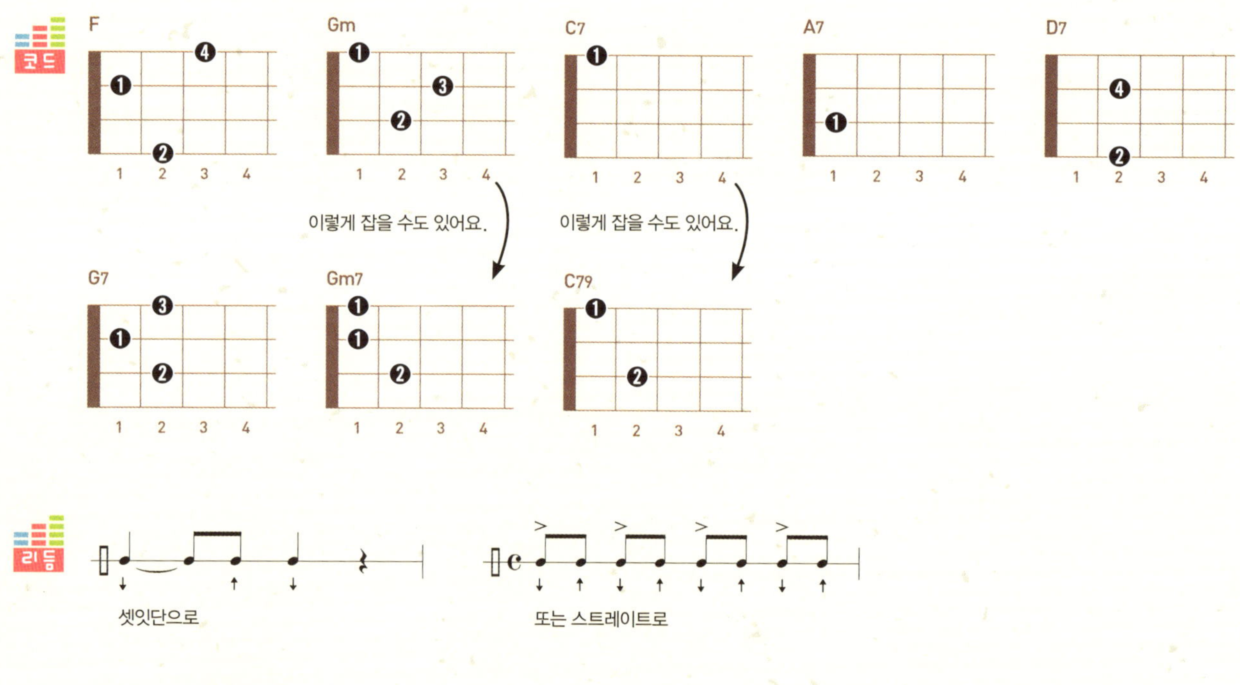

  연주 36

  동영상 21 : Be My Baby 전주

(A1)   **F**   **Gm**   **C7**
The night we met I knew I needed you so

      F   **Gm**   **C7**
And if I had the chance I'd never let you go

      A7   **D7**
So won't you say you love me I'll make you so proud of me

      G7   **C7**   **F**
We'll make 'em turn their heads Every place we go So won't you please

(B1) (B2)   **F**   **F**   **Dm**
(Be my, be my baby) Be my little baby

      Dm   **Dm**   **Gm**
(My one and only baby) Say you'll be my darling

      Gm   **Gm**   **C7**
(Be my, be my baby) Be my baby now

      C7   **C7**
(My one and only baby) Ooh oh oh oh

                          C7
                        Ooh oh oh oh

(A2)   **F**   **Gm**   **C7**
I'll make you happy baby Just wait and see

      F   **Gm**   **C7**
For every kiss you give me I'll give you three

      A7   **D7**
Oh since the day I saw you I have been waiting for you

      G7   **C7**
You know I will adore you Till eternity So won't you please

Be My Baby

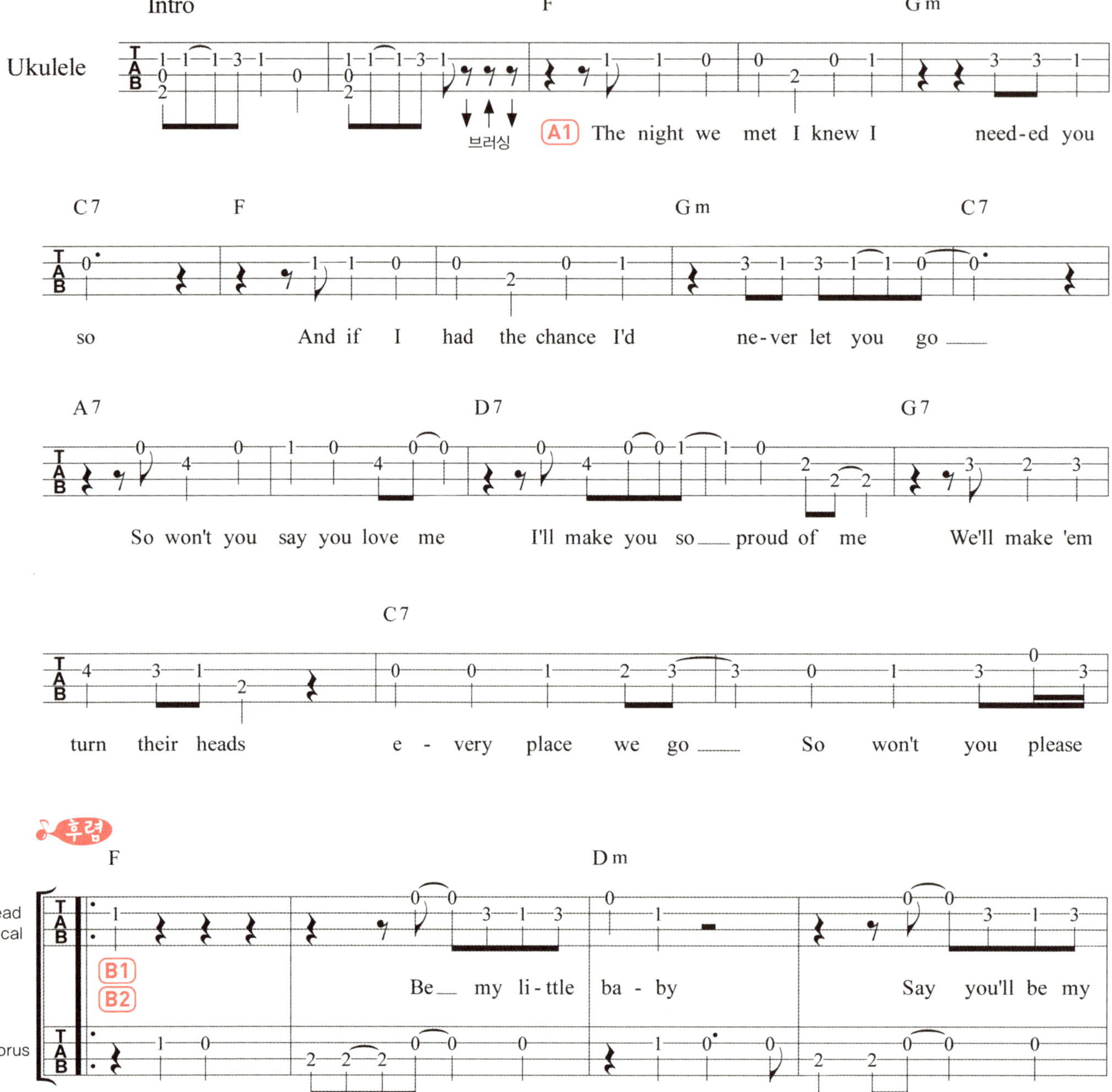

Intro
F
Gm
Ukulele
브러싱
A1 The night we met I knew I need-ed you
C7
F
Gm
C7
so And if I had the chance I'd ne-ver let you go
A7
D7
G7
So won't you say you love me I'll make you so proud of me We'll make 'em
C7
turn their heads e - very place we go So won't you please
후렴
F
Dm
Lead vocal
B1
B2
Be my li-ttle ba - by Say you'll be my
Chorus
Be my be my ba by my one and on - ly ba by

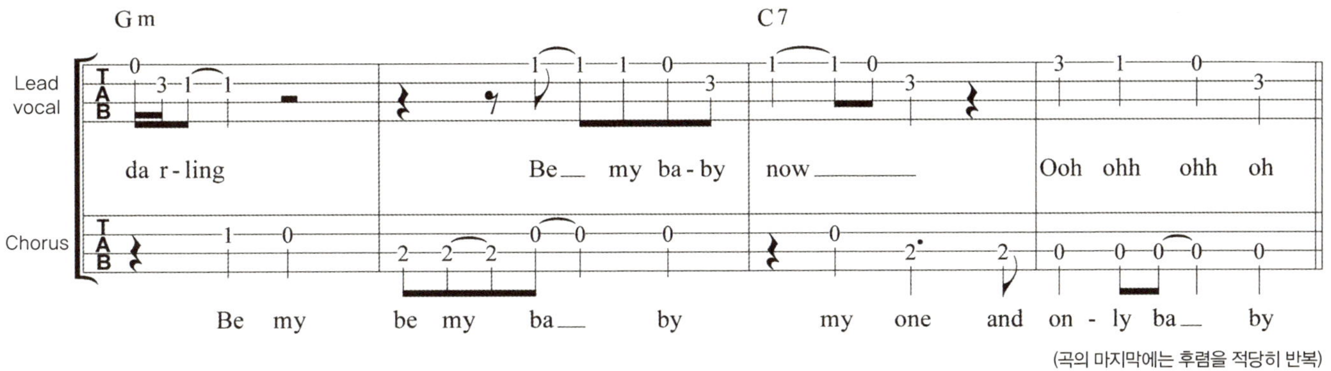

Gm
C7
Lead vocal
Chorus
da r - ling
Be my ba - by now
Ooh ohh ohh oh
Be my
be my ba by
my one and on - ly ba by
(곡의 마지막에는 후렴을 적당히 반복)

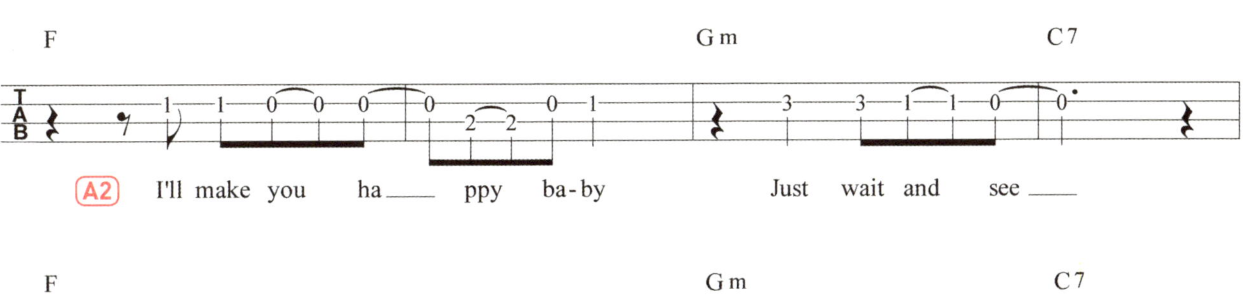

F
Gm
C7
A2
I'll make you ha ppy ba-by
Just wait and see

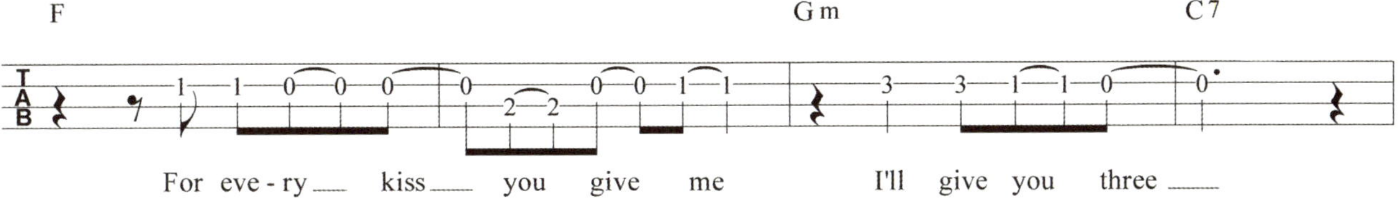

F
Gm
C7
For eve - ry kiss you give me
I'll give you three

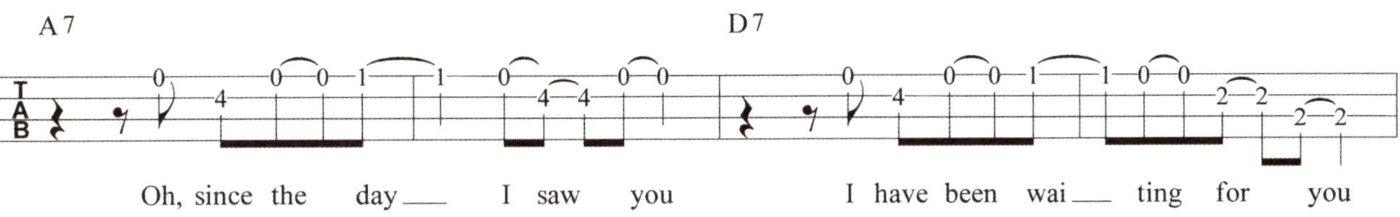

A7
D7
Oh, since the day I saw you
I have been wai ting for you

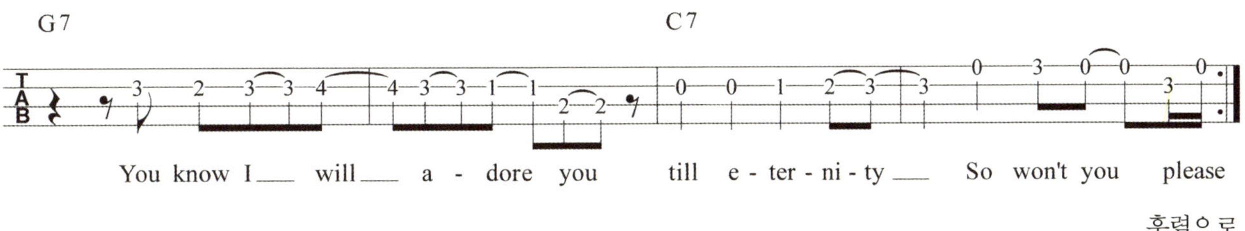

G7
C7
You know I will a - dore you
till e - ter - ni - ty
So won't you please
후렴으로

차라도 한잔

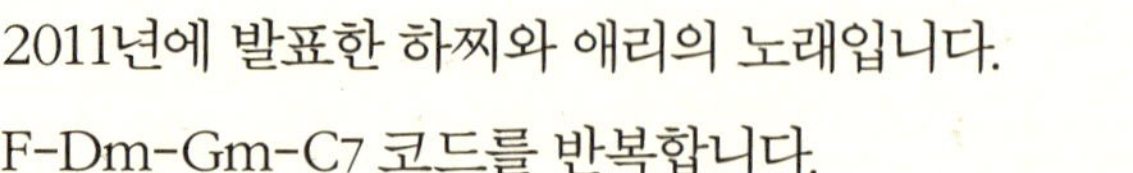

작사 작곡 하찌

2011년에 발표한 하찌와 애리의 노래입니다.

F-Dm-Gm-C7 코드를 반복합니다.

원곡은 E키인데, 코드 잡기가 어려워서 F키로 바꿔봤어요.

🌸 전주와 간주도 연습해봅시다.

🌸 전주에 쓰이는 5포지션 F 스케일도 쳐보세요.

🌸 간주는 3프랫 F스케일입니다.

🌸 후렴은 적당히 반복하면서 음료의 종류를 바꿔가며 불러보세요. 막걸리도 한잔~

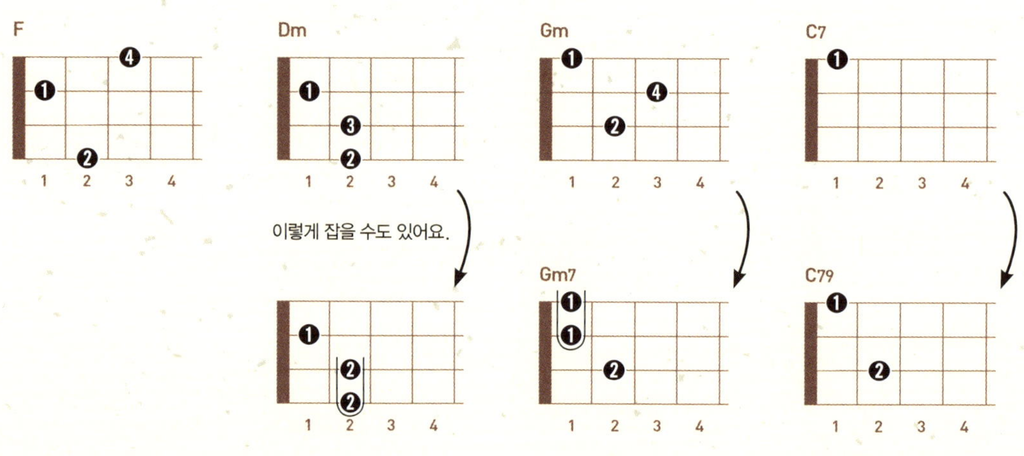

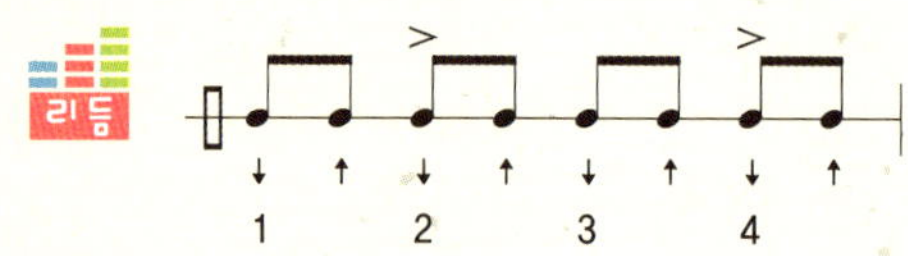

A1

간단히 말하자면 난 당신 좋아 (F / Dm)

돌려서 할 말들도 난 잘 몰라서 (Gm / C7)

낼 해가 서쪽으로 기울어졌으면 (F / Dm)

홍대 부근에서나 시원하게 만나요 (Gm / C7)

따뜻한 차라도 한잔 차라도 한잔 차라도 한잔 좀 마셔요 (F / Dm / Gm / C7)

A2

어렵게 말하자면 골치가 아파 (F / Dm)

똑바로 사는 게 바로 나의 인생 (Gm / C7)

낼 해가 동쪽에서 올라오는 걸 (F / Dm)

우리 함께 바라보면 좀 어떨까요 (Gm / C7)

따뜻한 차라도 한잔 차라도 한잔 차라도 한잔 좀 마셔요 (F / Dm / Gm / C7)

A3

가을바람 불어오기 시작했을 때 (F / Dm)

그대 맘도 조금씩 식어갔을 건지 (Gm / C7)

아직도 떠오르는 환상의 미소 (F / Dm)

아름다웠던 날들을 생각하면서 (Gm / C7)

따뜻한 차라도 한잔 차라도 한잔 차라도 한잔 좀 마셔요 (F / Dm / Gm / C7)

차라도 한잔
전주
Ukulele
F
Dm
Gm
C7
F
Dm
Gm
C7
F
Dm
Gm
C7
A1 간 단 히 말 하 자 면 난 당 신 좋 아
A2 어 렵 게 말 하 자 면 골 치 가 아 파
A3 가 을 바 람 불 어 오 기 시 작 했 을 때
돌 려 서 할 말 들 도 난 잘 몰 라 서
똑 바 로 사 는 게 바 로 나 의 인 생
그대 맘 도 조 금 씩 식 어 갔 을 건 지
낼 해 가 서 쪽 으 로 기 울 어 졌 으 면
낼 해 가 동 쪽 에 서 올 라 오 는 걸
아 직 도 떠 오 르 는 환 상 의 미 소
홍 대 부 근 에 서 나 시 원 하 게 만 나 요 따 뜻 한
우 리 함 께 바 라 보 면 좀 어 떨 까 요
아 름 다 웠 던 날 들 을 생 각 하 면 서

후렴:3절시 반복

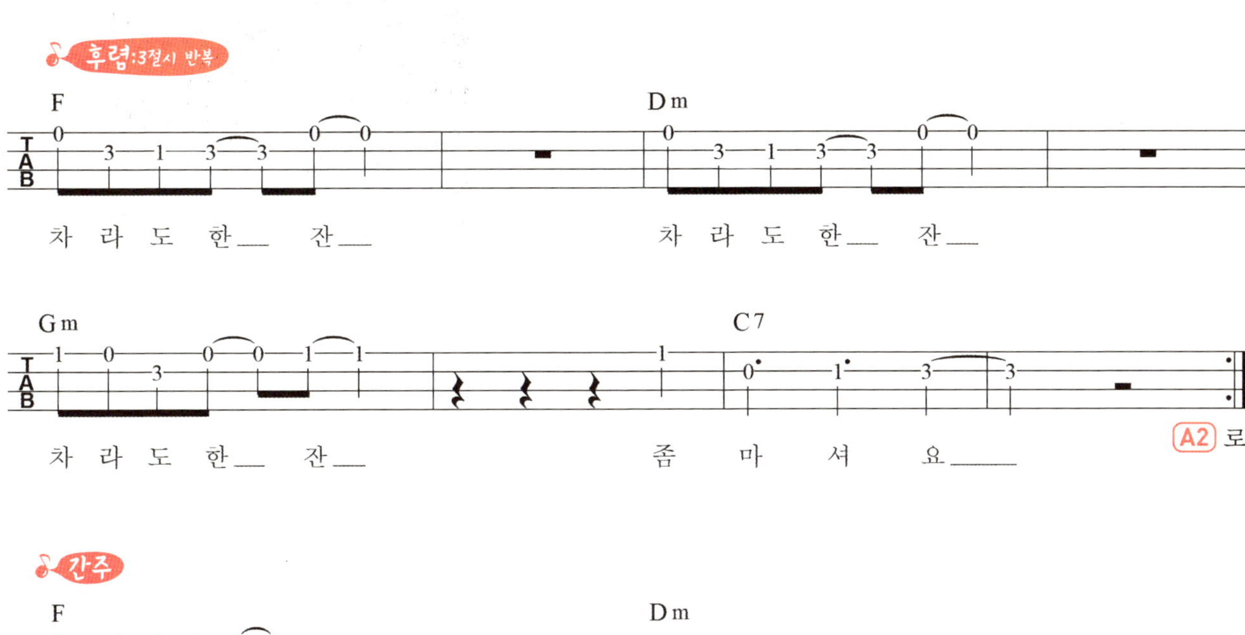
F
Dm
차 라 도 한__ 잔__
차 라 도 한__ 잔__
Gm
C7
차 라 도 한__ 잔__
좀 마 셔 요____
A2 로

간주

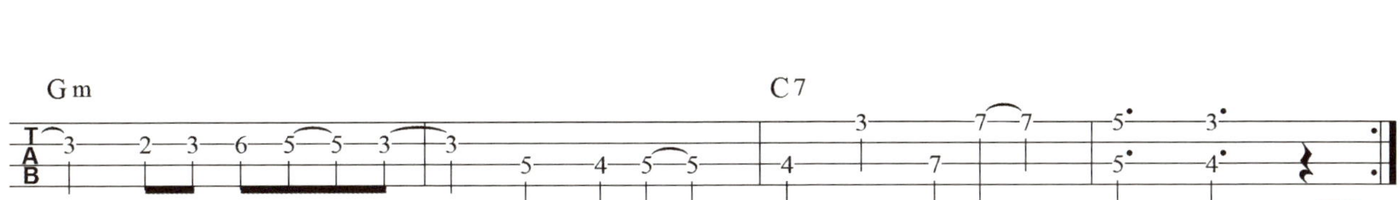
F
Dm
Gm
C7
A3 로

5포지션 F스케일

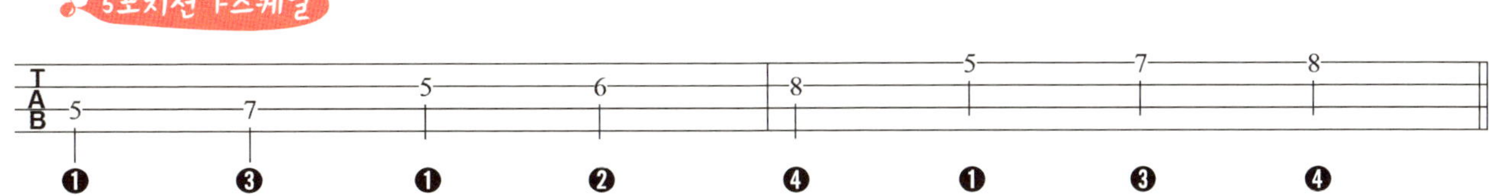

나다 소오소오 涙そうそう

작사 모리야마 료코 작곡 비긴

전쟁후 일본에서 최고로 히트한 이 노래는 오키나와 출신의 비긴이 작곡하고
유명한 가수 모리야마 료코가 노랫말을 붙였습니다.
〈나다 소오소오〉는 오키나와 말로 '눈물이 주르르' 란 뜻이에요.

❁ 소박한 테마를 만들어봤습니다. 전주, 후주로 치세요.
❁ 악보의 ★부분은 Low G의 경우엔 1번줄 1프랫을 치세요! ^^
❁ 간주는 2절 마치고 난 다음 1절 멜로디를 치는 걸로 대신합니다.

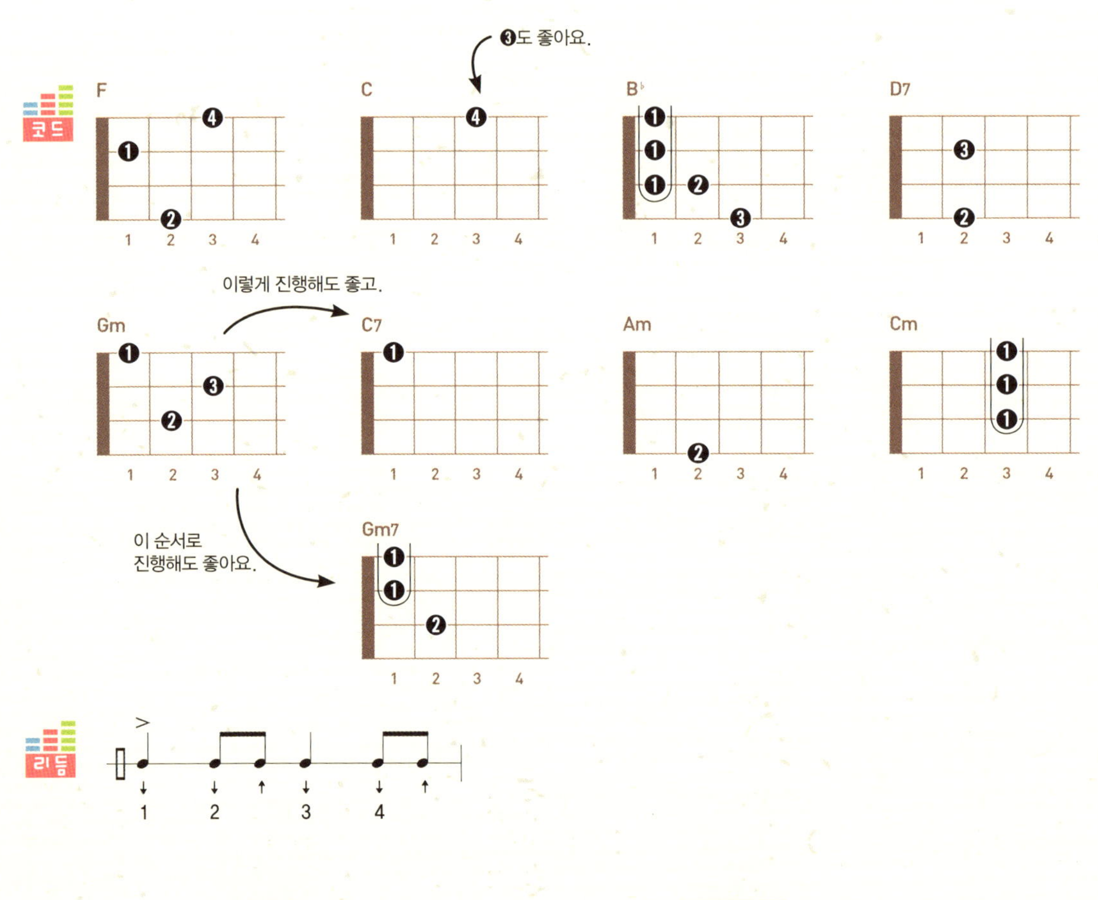

A1

    F   C   B♭   F B♭   F D7   Gm   C7

후루이 아루바무 메쿠리 아리가토옷떼 츠부야이타   낡은 앨범 넘기며 고맙다고 중얼거렸네

古い　　アルバム　めくり　ありがとうって　つぶやいた

    F   C   B♭   F B♭   F D7   Gm   C7   F

이츠모 이츠모 무네노나카 하게마시떼 쿠레루 히토요   언제나 언제나 가슴속에서 격려해주는 그대여

いつも　いつも　胸の中　励まして　くれる　人よ

    F   Am   Cm   B♭   F   Gm   C7

★ 하레와타루 히모 아메노히모 우카부 아노에가오   맑은 날이나 비 내리는 날이나 떠오르는 그 미소

晴れ渡る　日も　雨の日も　浮かぶ　あの笑顔

      Am   Cm   F

오모이데 토오쿠 아세떼모 →★★로   추억이 아득히 빛바래도

想い出　遠く　あせても

    B♭   F B♭   F   B♭   F D7   Gm   C   F

오모카게 사가시떼 요미가에루히와 나다소오소오   그 모습을 찾으며 떠오르는 날엔 눈물이 주르르

おもかげ　探して　よみがえる日は　涙そうそう

A2

    F   C   B♭   F B♭   F D7   Gm   C7

이치방보시니 이노루 소레가 와타시노 쿠세니나리   첫별에 기도하는 게 습관이 된 나

一番星に　祈る　それが　私の　くせになり

    F   C   B♭   B♭   F D7   Gm C7   F

유우구레니 미아게루소라 코코로 이빠이 아나타사가스   해 질 녘 하늘을 쳐다보며 마음 가득 당신을 찾네

夕暮れに　見上げる空　心　いっぱい　あなた探す

     Am Cm   B♭   F Gm   C7

카나시미니모 요로코비니모 오모우아노에가오   슬플 때도 기쁠 때도 생각나는 그 미소

悲しみにも　喜びにも　おもうあの笑顔

     Am   Cm   F

아나타노 바쇼카라 와타시가   당신이 있는 곳에서 내가 보인다면

あなたの　場所から　私が

    B♭   F   B♭   F   F   D7 Gm   C   F

미에타라 킷또 이츠가 아에루토 신지 이키테유쿠   언젠가 꼭 만날 수 있다고 믿고 살아갈게요

見えたら　きっと　いつか　会えると　信じ　生きてゆく

간주

F C B♭　F B♭　F/D7 Gm C

F C B♭　F B♭　F/D7 Gm C F →★로

    B♭   F   B♭   B♭   F   D7   Gm C   F

★★ 사미시쿠떼 코이시쿠떼 키미에노 오모이 나다소오소오   쓸쓸하고 그리워 당신 생각에 눈물이 주르르

さみしくて　恋しくて　君への　想い　涙そうそう

    B♭   F   B♭   F   B♭   F   D7   Gm C   F

아이타쿠떼 아이타쿠떼 키미에노 오모이 나다소오소오   보고 싶어 보고 싶어 당신 생각에 눈물이 주르르

会いたくて　会いたくて　君への　想い　涙そうそう

나다 소오소오

테마
Ukulele
간주 뒤 마디23-35 반복 후
마디60으로 이동
A1 후 루 이 아 루 바 무 메 쿠 리___ 아 리 가
A2 이 치 방___ 보 시 니 이 노 루___ 소오 레 가
토 옷 떼 츠 부 야 이 타 이 츠 모 이 츠 모
와타 시 노 쿠 세 니 나 리 유우 구 레 니 미 아
무 네 노 나 카___ 하 게 마 시 떼 쿠 레 루 히 토
게___ 루 소 라___ 코코 로 이 빠 이 아 나 타 사 가
요 하 레 와 타 루 히 모 아 메 노 히
수 카 나 시 미 니 모 요 로 코 비 니
모 우 카 부 아 노 에 가 오 오 모 이
모 오 모 우 아 노 에 가 오 아 나 타
데 토 오 쿠 아 세 떼 에 모 →★★로 오 모 카
노 바 쇼 카 라 와 타 시 가 미 에 타

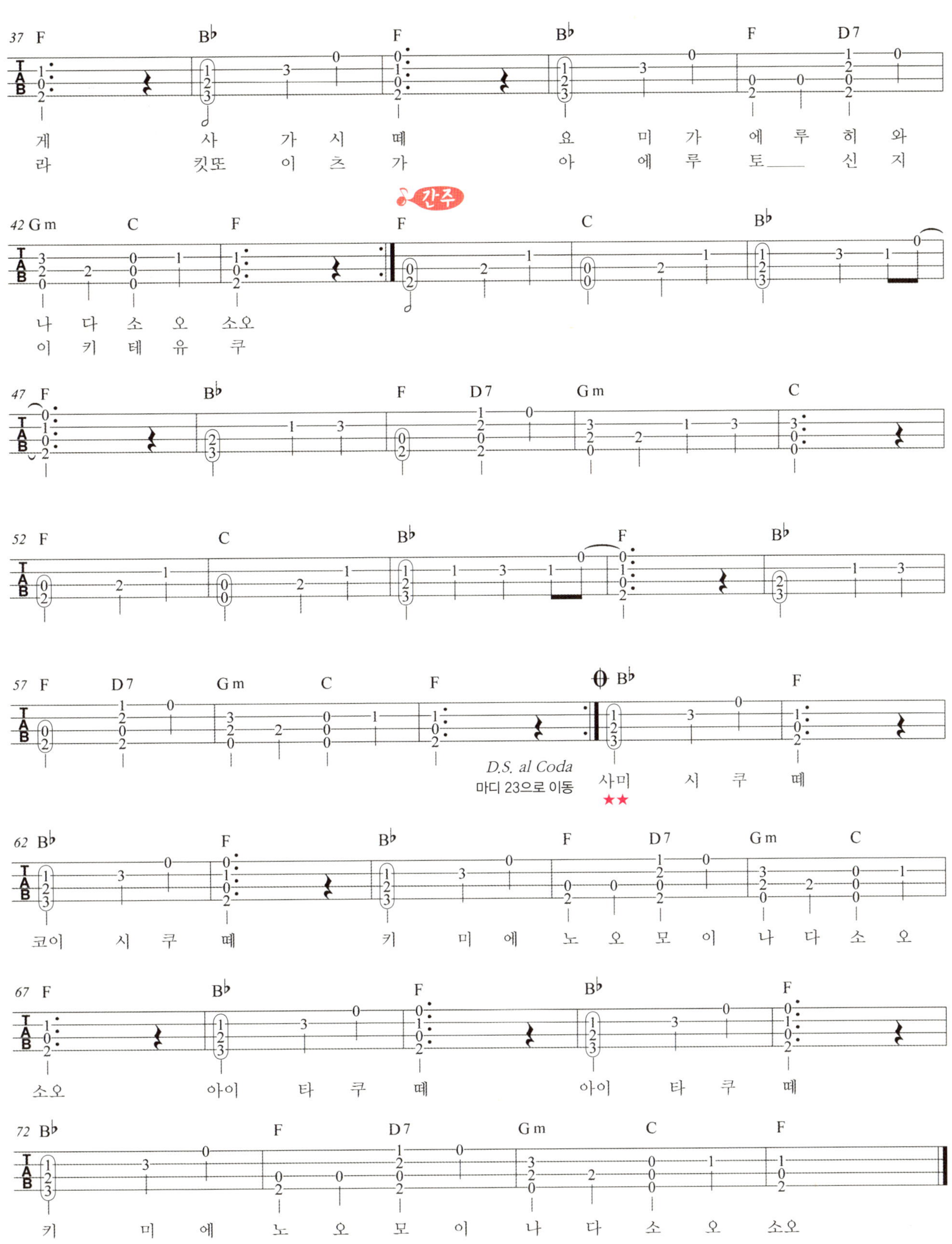

간주

37 F   B♭   F   B♭   F   D7
게   사   가   시   떼   요   미   가   에   루   히   와
라   킷또 이   즈   가   아   에   루   토___   신   지

42 Gm   C   F   F   C   B♭
나   다   소   오   소오
이   키   테   유   쿠

47 F   B♭   F   D7   Gm   C

52 F   C   B♭   F   B♭

57 F   D7   Gm   C   F   B♭   F
D.S. al Coda
마디 23으로 이동   사미   시   쿠   떼

62 B♭   F   B♭   F   D7   Gm   C
코이   시   쿠   떼   키   미   에   노   오   모   이   나   다   소   오

67 F   B♭   F   B♭   F
소오   아이   타   쿠   떼   아이   타   쿠   떼

72 B♭   F   D7   Gm   C   F
키   미   에   노   오   모   이   나   다   소   오   소오

L-O-V-E

작사 작곡 밀튼 가블러

미국의 전설적인 가수이자 피아니스트인 냇 킹 콜 만년의 히트곡.
1964년 발표한 이 노래는 소박하지만 훌륭한 멜로디가 특징이죠.

🌸 노래 선율과 간단한 솔로 악보를 만들어봤어요.
🌸 냇 킹 콜 원곡의 아이디어를 응용해서 반주를 만들어봤어요.
　　좀 어려워 보이지만 놀고 있는 손가락으로 잡아볼까요. ^^
🌸 아르페지오 악보도 있어요.

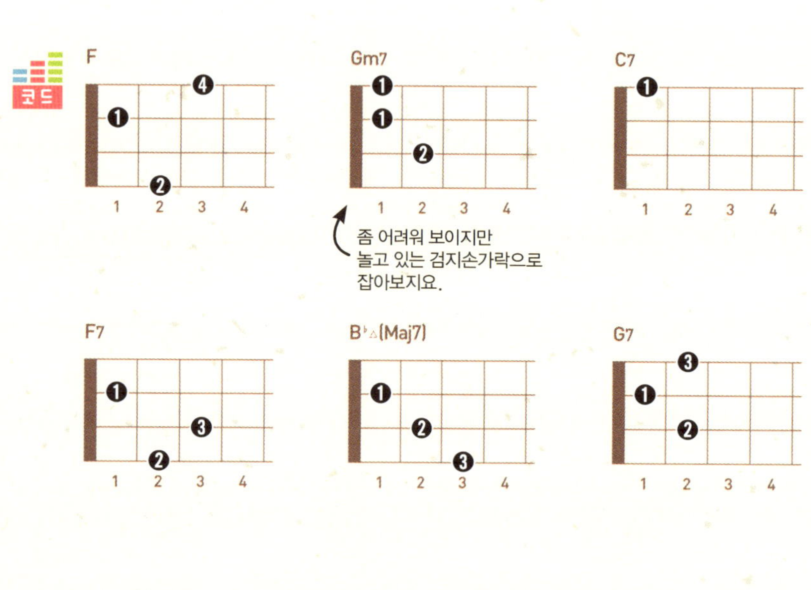

L–O–V–E Arpeggio

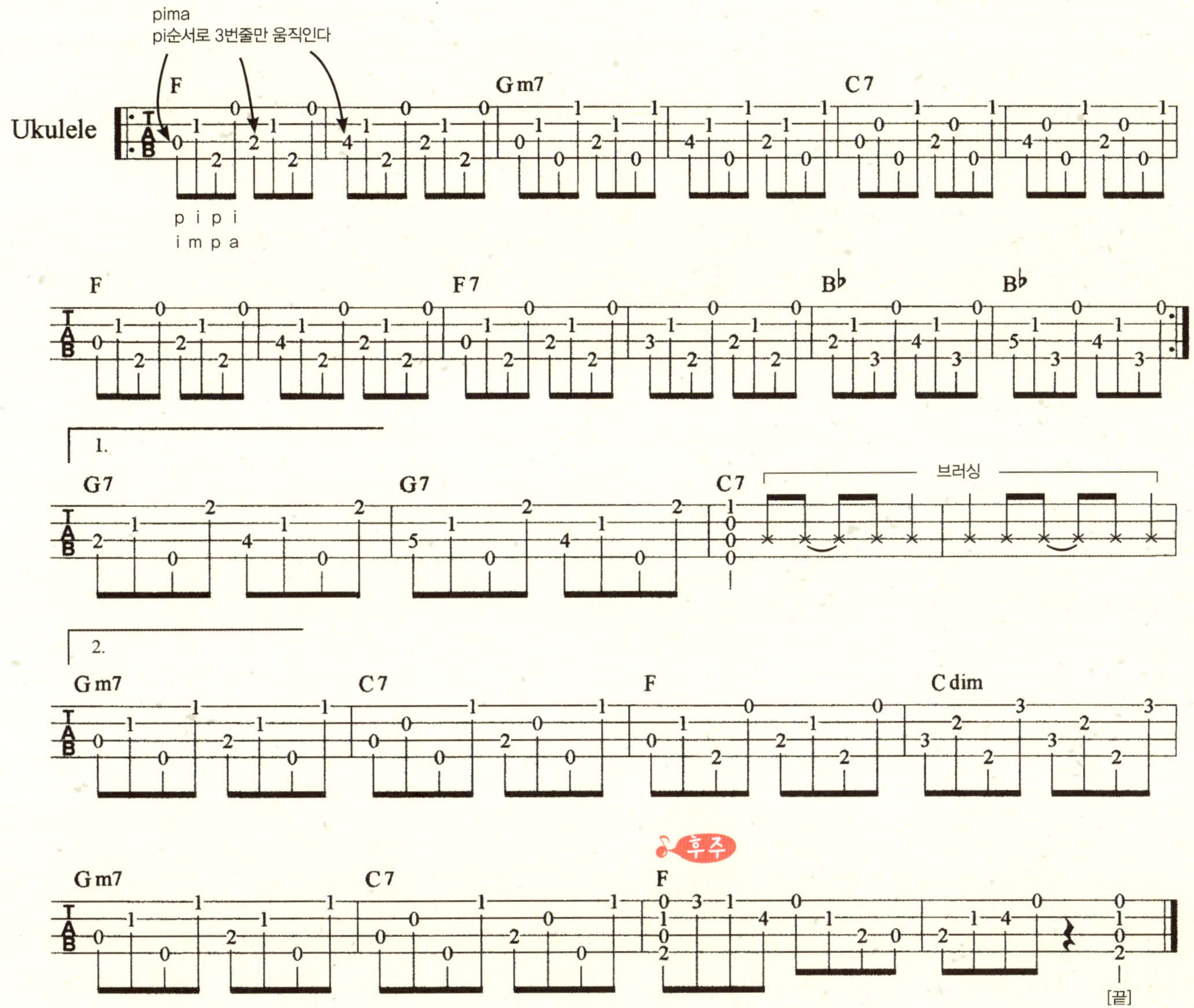

L-O-V-E

Ukulele
L is for the way you look at me
O is for the on - ly one I see
V is ve - ry ve - ry ex - tra - or - di - na - ry
E is ev - en more than a - ny one that you a - dore and
Love is all that I can give to you
Love is more than just a game for two
Two in love can make it Take my heart and please don't break it
Love was made for me and you

반주 아이디어

여행을 떠나요

작사 조용필 작곡 하지영

1985년 발표한 조용필의 대박 로큰롤!

- 🌸 노래 시작은 너무 갑작스럽지만 적당히 들어가보세요.
- 🌸 F키로 시작하는 로큰롤 패턴은 3개 있어요.

   - 5-6-7도(솔라시)가 움직이는 스트러밍 패턴

   - 단음으로 치는 패턴

   - 하이코드: 좀더 리드미컬하게 연주하려면 쉼표 부분은 브러싱으로 하면 좋아요. (Brushing 편 19p 참고)

코드 **로큰롤 패턴 연주법** 로큰롤 패턴의 재미는 5, 6, 7도가 움직이는 것이 핵심!

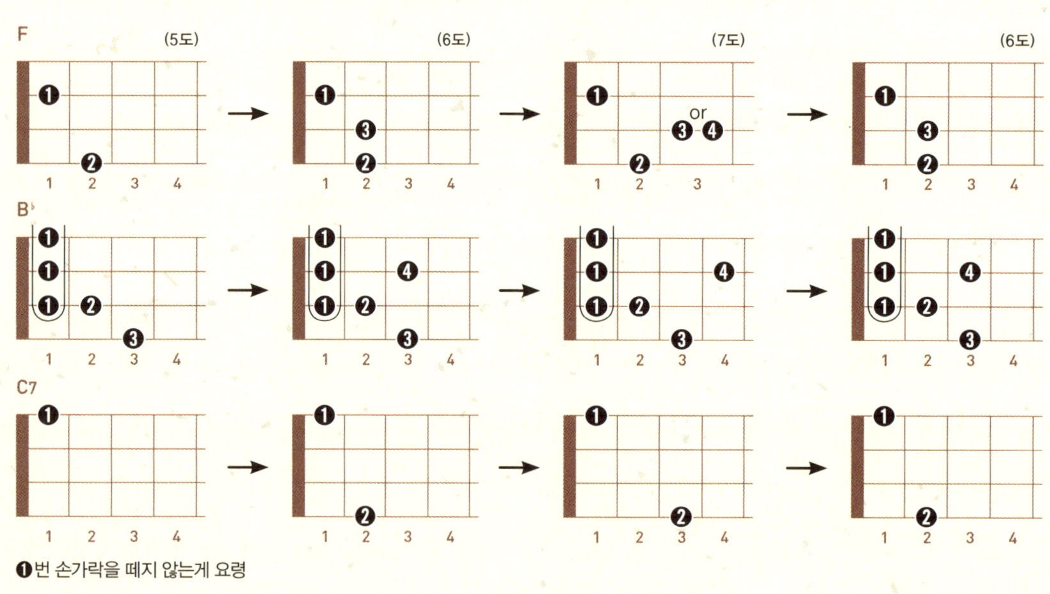

❶번 손가락을 떼지 않는게 요령

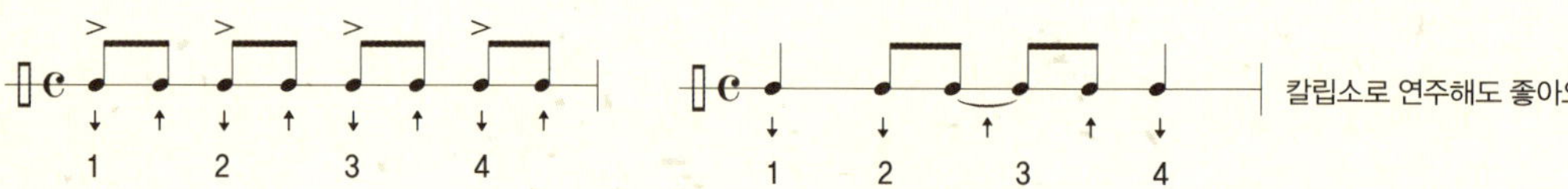

칼립소로 연주해도 좋아요.

연주 40

앙상블로 연주하려면

1번 우쿨렐레 : 로큰롤 패턴, 2번 우쿨렐레 : 하이코드

동영상:여행을 떠나요 로큰롤 패턴과 하이코드 앙상블의 재미를 느껴보세요.

1절　푸른 언덕에 배낭을 메고 황금빛 태양 축제를 여는

광야를 향해서　계곡을 향해서

후렴　메아리 소리가 들려오는 계곡 속에 흐르는 물 찾아

그곳으로 여행을 떠나요

2절　먼동이 트는 이른 아침에 도시의 소음 수많은 사람

빌딩 숲속을　벗어나봐요

여행을 떠나요

Ukulele
C7
F
F
Bb
F
C7
F
Bb
F
C7
F
1.푸 른 언 덕 에   배 낭 을 메 고
2.먼 동 이 트 는   이 른 아 침 에
황 금 빛 태___ 양___   축___ 제를 여 는___________
도 시 의 소___ 음___   수___ 많 은 사 람___________
광 야 를 향 해 서   계 곡 을 향 해 서
빌___ 딩숲 속 을   벗___ 어 나 봐 요
후렴 메 아 리 소 리 가들 려 오 는   계___ 곡 속 에 흐 르 는물 찾 아
___________ 그 곳 으 로   여 행 을 떠 나___ 요

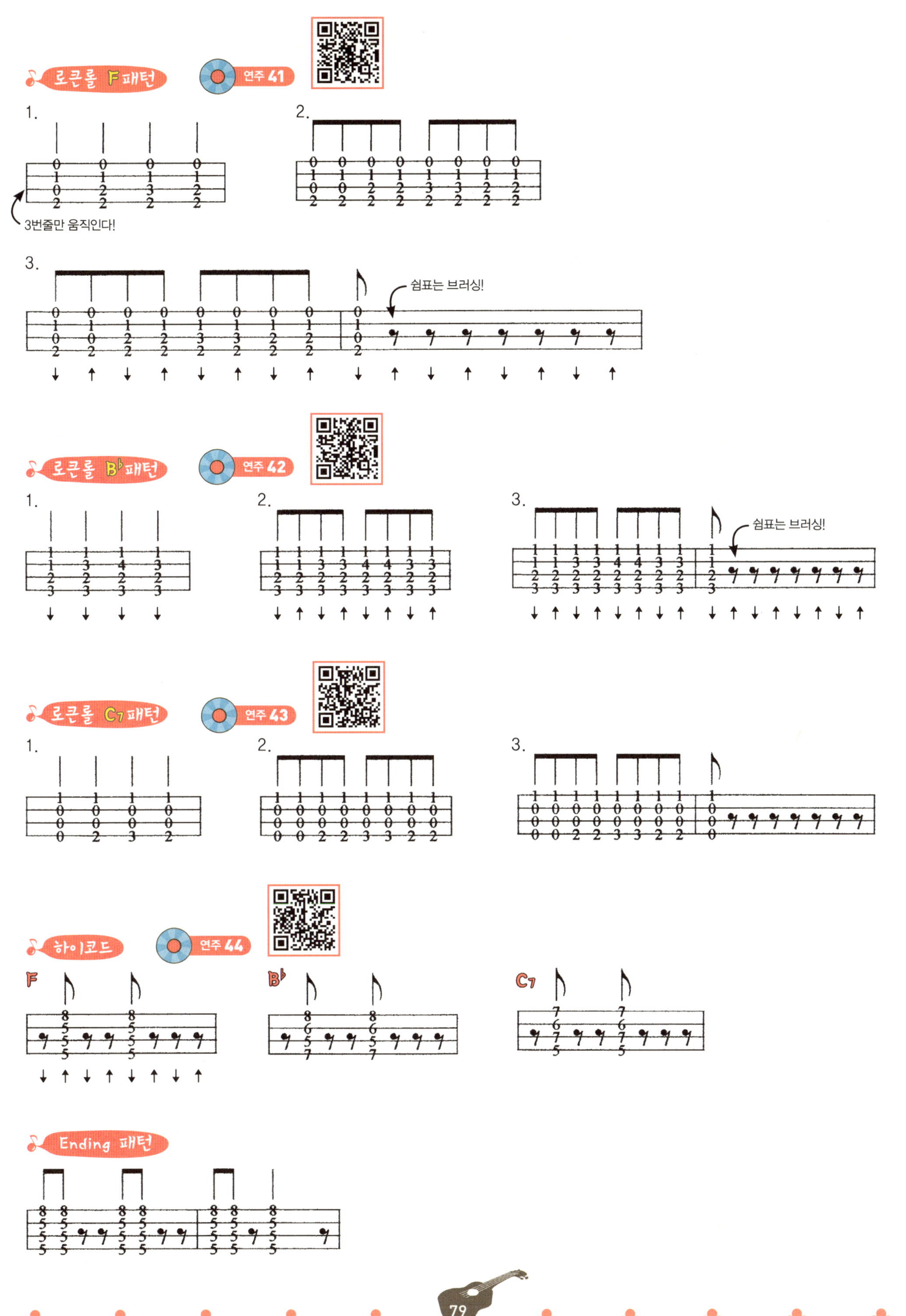

로큰롤 F 패턴
연주 41
1.
2.
3번줄만 움직인다!
3.
쉼표는 브러싱!
로큰롤 B♭ 패턴
연주 42
1.
2.
3.
쉼표는 브러싱!
로큰롤 C7 패턴
연주 43
1.
2.
3.
하이코드
연주 44
F
B♭
C7
Ending 패턴

그대 없이는 못 살아

작사 작곡 길옥윤

1979년 패티김이 불러 인기를 얻은 노래입니다.

2012년 방영한 MBC 드라마 〈그대 없이는 못 살아〉에 삽입되었던

하찌와 애리 버전으로 불러보아요~

❀ 전주는 코드만 연주해도 좋지만, 타브 악보를 보고 멜로디를 연주하면 아주 예쁩니다.

❀ 간주는 휘파람으로 불어도 좋고, 우쿨렐레로 쳐도 좋아요.

❀ 후주는 까다롭지만 도전해봅시다!

❀ 후렴 부분은 남녀가 화음을 넣어 노래 불러도 좋아요.

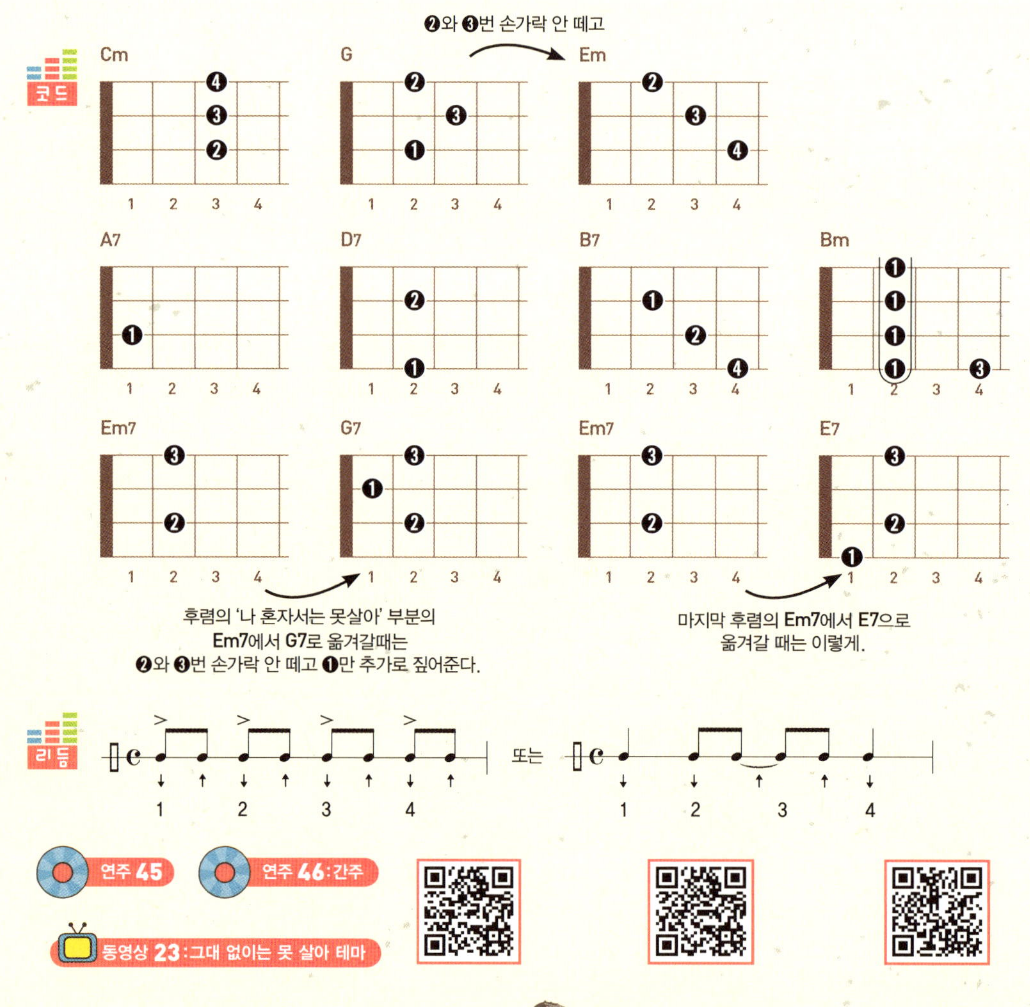

Cm G/Em A7/D7 G₁D7 타브를 보세요

1절

| G | Bm | C | D7 | G | C | D7 | G |

좋아해 좋아해 당신을 좋아해 저 하늘에 태양이 돌고 있는 한 당신을 좋아해

| G | Bm | C | D7 | G | C | D7 | G |

좋아해 좋아해 당신을 좋아해 밤하늘에 별들이 반짝이는 한 당신을 좋아해

★

| G | B7 | Em7 | G7 |

그대 없이는 못 살아 나 혼자서는 못 살아

| Cm | G | Em | A7 | D7 | G/D7 |

헤어져서는 못 살아 떠나가면 못 살아 (1) 2절로

| D7 | G/D7 |

못 살아 (2) 간주

| D7 | G/D7 |

못 살아 (3) 후렴으로

2절

| G | Bm | C | D7 | G | C | D7 |

사모해 사모해 당신을 사모해 강물이 바다로 흘러가듯이 당신을 사모해

| G | Bm | C | D7 | G | C | D7 | G |

사모해 사모해 당신을 사모해 장미꽃이 비오기를 기다리듯이 당신을 사모해 →★로

G B7 Em7 G7 Cm G/Em A7/D7 G₁D7

3절

| G | Bm | C | D7 | G | C | D7 | G |

사랑해 사랑해 당신을 사랑해 이 생명 이 마음을 다 바치고 당신을 사랑해

| G | Bm | C | D7 | G | C | D7 | G |

사랑해 사랑해 당신을 사랑해 영원히 영원히 변함없이 당신을 사랑해 →★로

| G | B7 | Em7 | G7 |

그대 없이는 못 살아 나 혼자서는 못 살아 (3)

| Cm | G | Em A7 | D7 | G/E7 |

헤어져서는 못 살아 떠나가면 못 살아 (3)

| A7 | D7 | G/E7 A7 | D7 | G |

혼자서는 못 살아 그대 없인 못 살아

후주 타브를 보세요

그대 없이는 못 살아

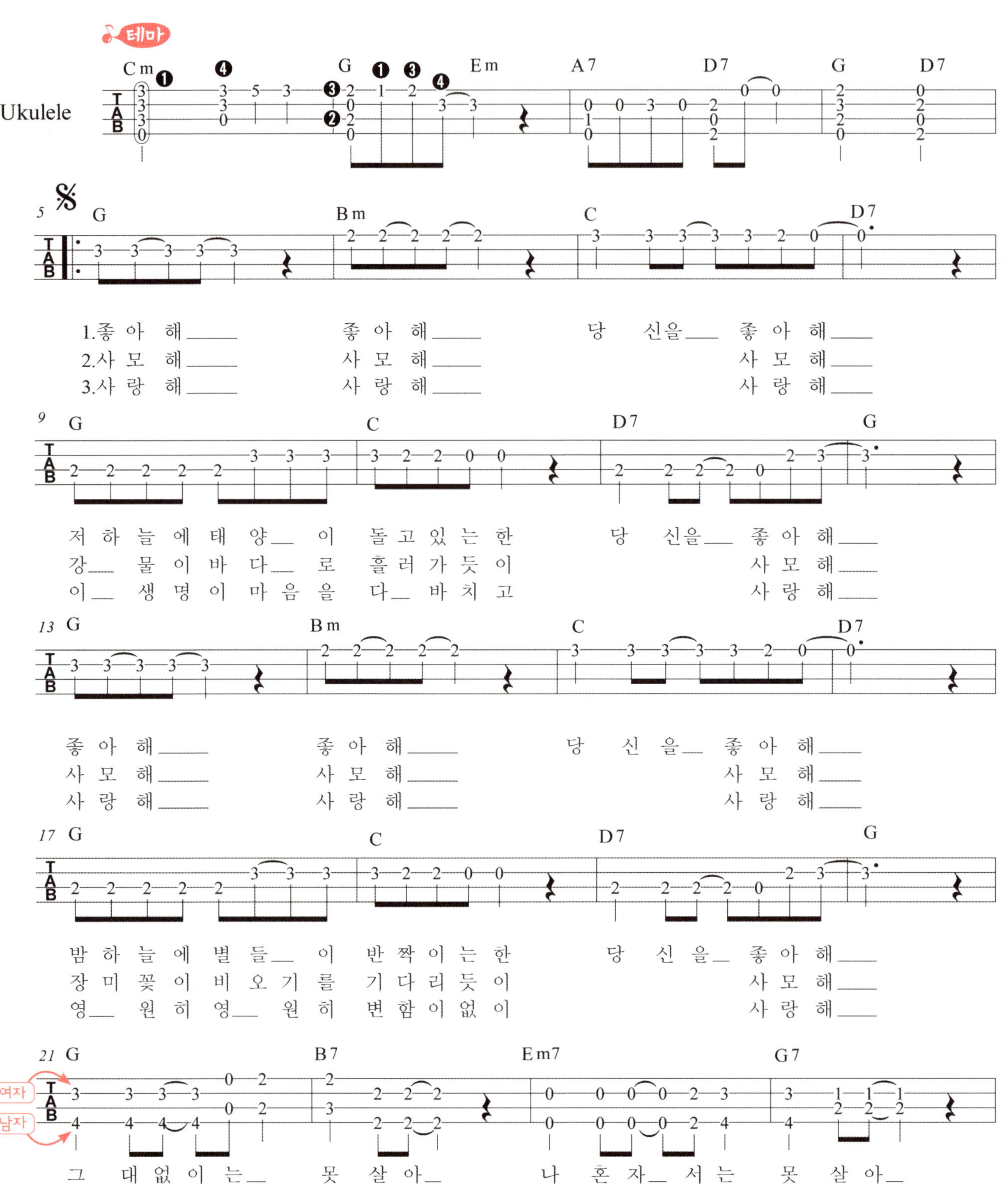

25 C m
G
E m7
A 7
D 7
G
D 7
TAB
헤 어 져 서는 못 살 아
떠 나 가 면 못 살 아
2절뒤 간주
우쿨렐레 혹은 휘파람
29 G
B 7
E m7
G 7
33 C m
G
E m7
A 7
D 7
G
D 7
D.S. al Coda
마디 5로 이동
후렴
37 G
B 7
E m7
G 7
그 대 없 이 는 못 살 아
나 혼 자 서 는 못 살 아
41 C m
G
E m7
A 7
D 7
E m7
E 7
헤 어 져 서는 못 살 아
떠 나 가 면 못 살 아
45 A 7
D 7
E m7
E 7
A 7
D 7
E m7
후주
혼 자 서 는 못 살 아
그 대 없 인 못 살 아
49
E m7

I Will

작사 작곡 존 레논, 폴 매카트니

폴 매카트니가 인도에서 만든 곡을

1968년 비틀즈 〈화이트〉 앨범에 수록했죠.

폴은 아주 편안하게 부르는데, 저 같은 사람한텐 완전 높아요.

원래 키는 F인데, 여성이 부르기 편하도록 C키로 편곡해봤습니다.

G7을 쳐서 첫음을 확인하고 들어갑시다~

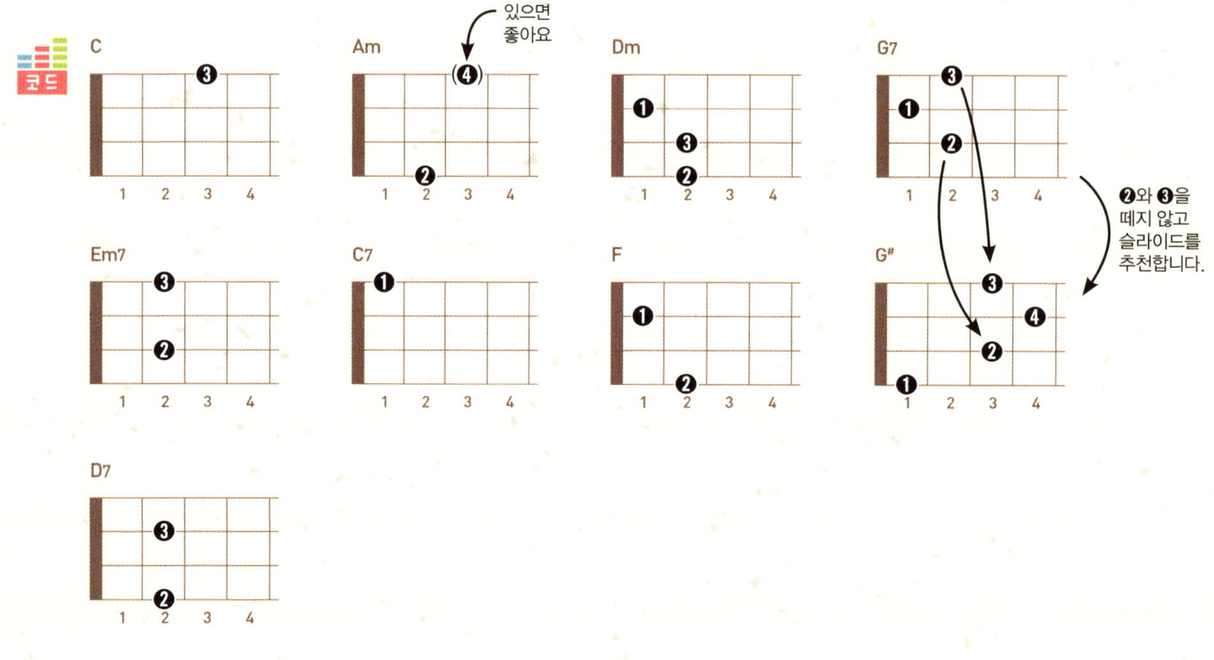

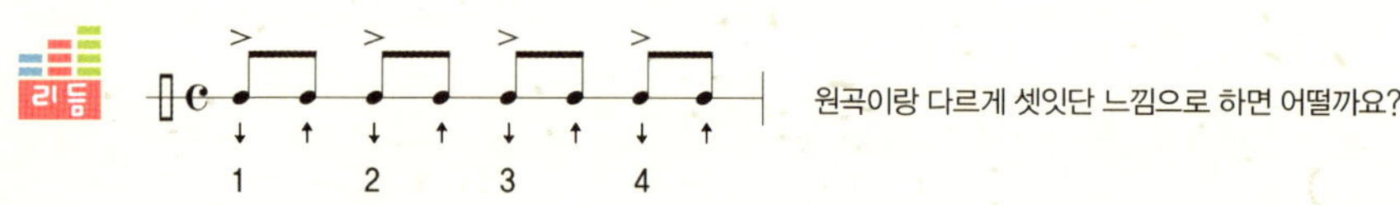

(A1)
                C   Am   Dm   G7
who knows how long I've loved you

            C   Am   Em C7   F   G7   Am
you know I love you still will I wait a lonely lifetime

            F   G7   C   Am Dm G7
if you want me to I will

(A2)
            C   Am   Dm   G7   C   Am   Em7
for if I ever saw you I didn't catch your name

    C7   F   G7   Am   F   G7   C   C7
but it never really mattered I will always feel the same

(B)
    F   G7   Am
love you forever and forever

    F   G7   C   C7
love you with all my heart

    F   G7   Am
love you whenever we're together

    D7   G7
love you when we're apart

(A3)
            C   Am   Dm   G7
and when at last I find you

            C   Am   Em7 C7   F   G7   Am
your song will fill the air sing it loud so I can hear you

    C7   F   G7   C
make it easy to be near you

    C7   F   G7   Am
for the things you do endear you to me

    F   G7   G#   C
Oh you know I will I will

후주   F G7 Am F G7 C

I will

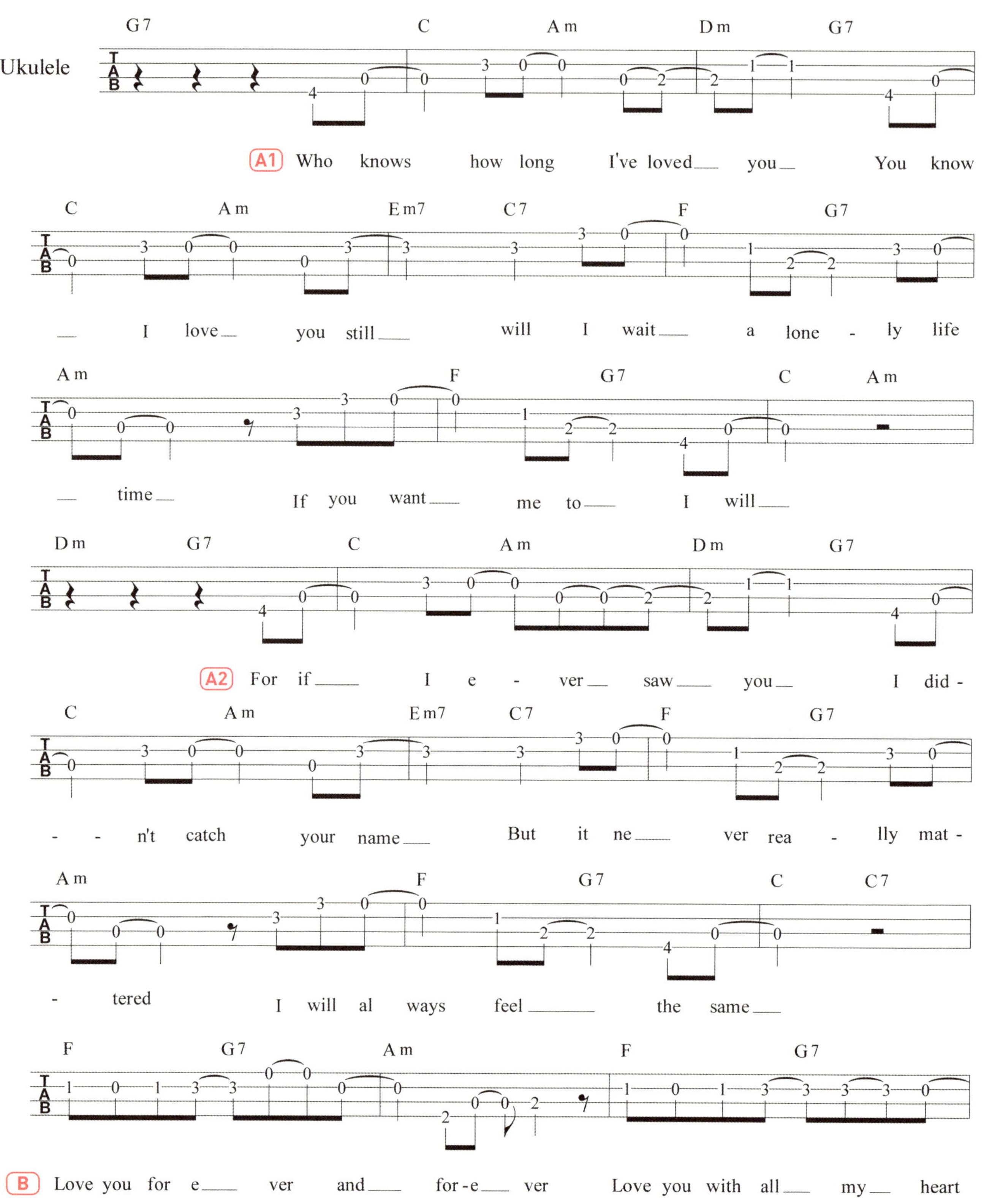

Ukulele
A1 Who knows how long I've loved you You know
I love you still will I wait a lone - ly life
time If you want me to I will
A2 For if I e - ver saw you I did-
- n't catch your name But it ne ver rea - lly mat-
- tered I will al ways feel the same
B Love you for e ver and for-e ver Love you with all my heart

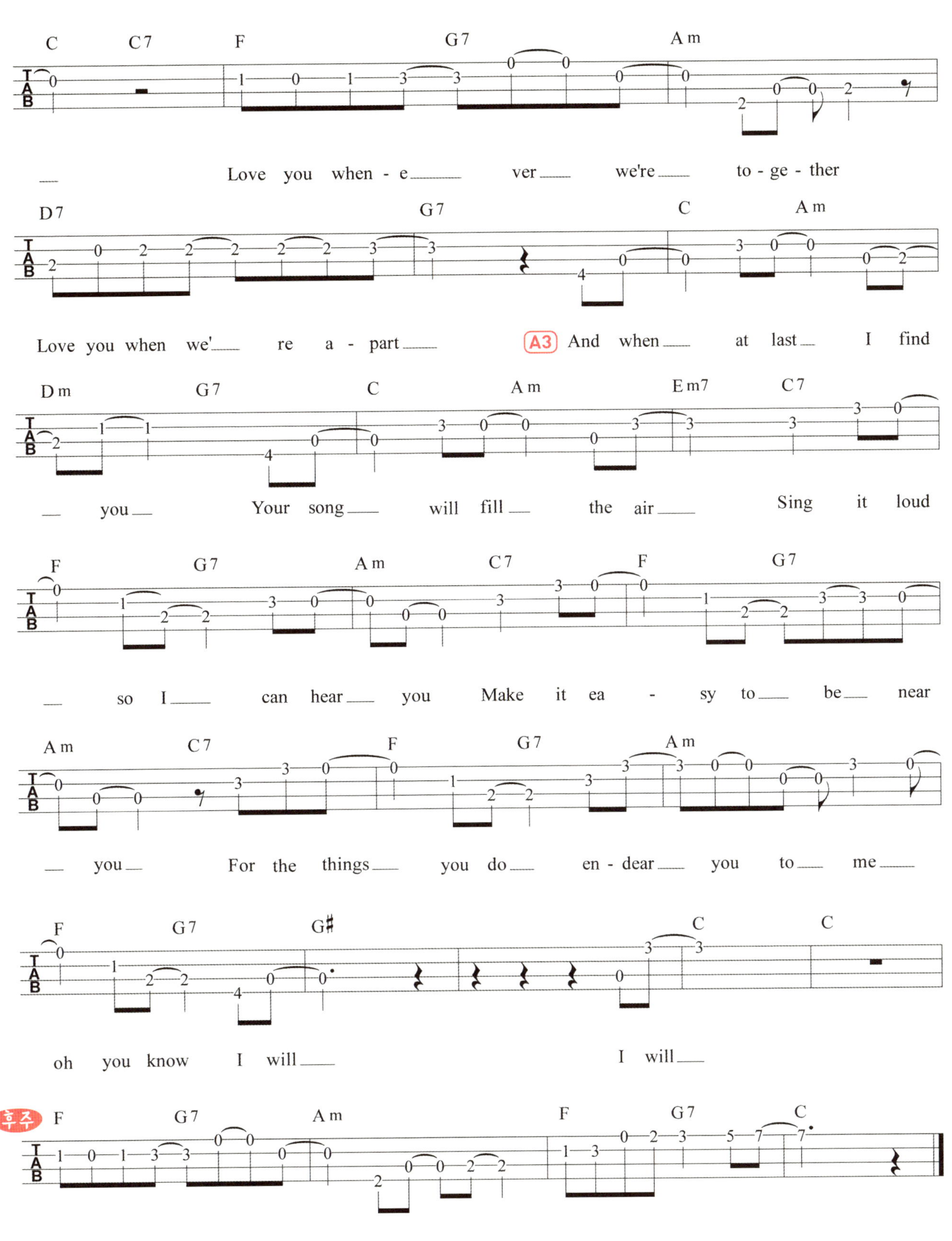

C   C7   F   G7   Am
Love you when - e ver we're to - ge - ther
D7   G7   C   Am
Love you when we' re a - part
A3 And when at last I find
Dm   G7   C   Am   Em7   C7
you Your song will fill the air Sing it loud
F   G7   Am   C7   F   G7
so I can hear you Make it ea - sy to be near
Am   C7   F   G7   Am
you For the things you do en - dear you to me
F   G7   G#   C   C
oh you know I will I will
후주   F   G7   Am   F   G7   C

Something

작사 작곡 조지 해리슨

위대한 팀 비틀즈 안에서 평범하지 않은 사람들이랑 함께 음악 활동을 했던

조지 해리슨은 힘들었겠지요!^^ 자신도 훌륭한 작곡가였지만, 상대가 존이랑 폴이라니!

자기 재능을 개화시키지 못하다가 드디어 1969년에 발표했던 이 Something 으로

대박을 쳤죠! 그 시절의 아내였던 패티를 위해 부른 노래입니다.

우쿨렐레를 사랑했던 조지의 이 히트곡은 마치 우쿨렐레로 치기 위해서

만들어진 것 같은 코드 진행!

🌸 이 유명한 테마는 8분 쉼표를 느끼면서!

🌸 두번째 단 (I don't wanna-)부터 시작하는 클리셰라 불리는

　　Dm-Dm△-Dm7-G7코드 진행입니다. 1번선 3프랫은 계속 잡고 있으면 좋을 듯해요^^

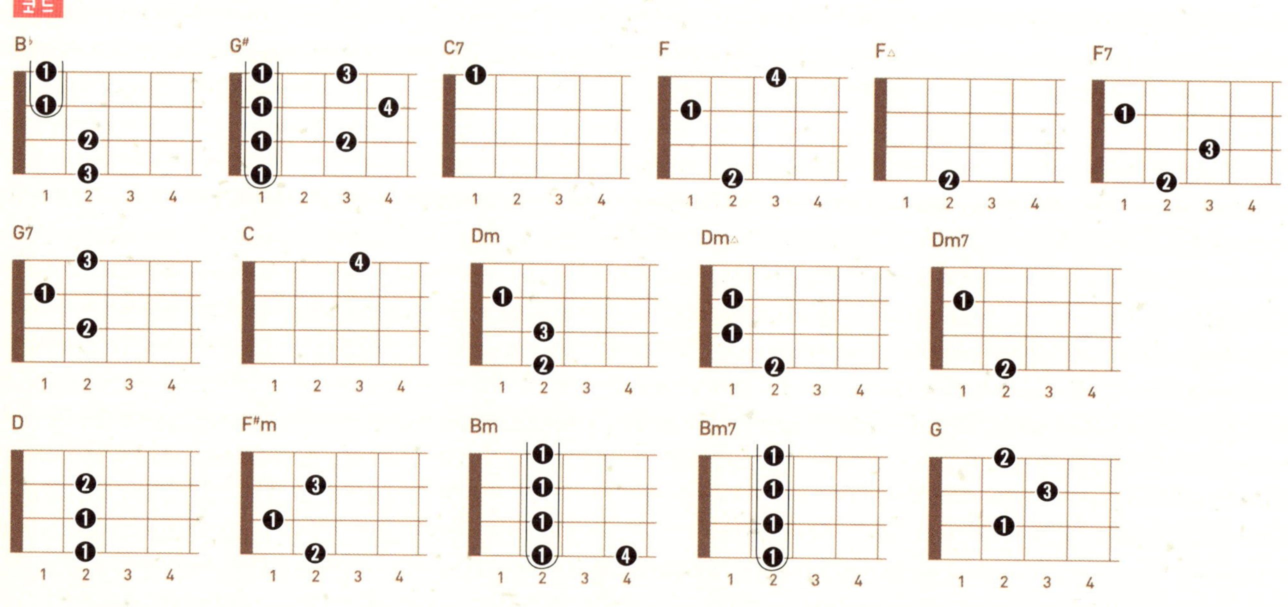

원곡과 다르게 레게 리듬으로 불러보았습니다. 이런 스타일은 어떠세요?

A1

F   F△ F7

Something in the way she moves

                                  B♭   G

Attracts me like no other lover

                                      C Dm C

Something in the way she woos me

      Dm   Dm△   Dm7   G7

I don't want to leave her now You know I believe and how

A2

F   F△ F7

Somewhere in her smile she knows

                                  B♭   G

That I don't need no other lover

                                      C Dm C

Something in her style that shows me

      Dm   Dm△   Dm7

I don't want to leave her now You know I believe and how

B

D   F♯m   Bm

You're asking me will my love grow

      Bm7   G   C   D

I don't know, I don't know

      D   F♯m   Bm

You stick around now it may show

      Bm7   G   C   D

I don't know, I don't know

A3

F   F△ F7

Something in the way she knows

                                  B♭   G

And all I have to do is think of her

                                      C Dm C

Something in the things she shows me

      Dm   Dm△   Dm7   G7

I don't want to leave her now You know I believe and how

Something

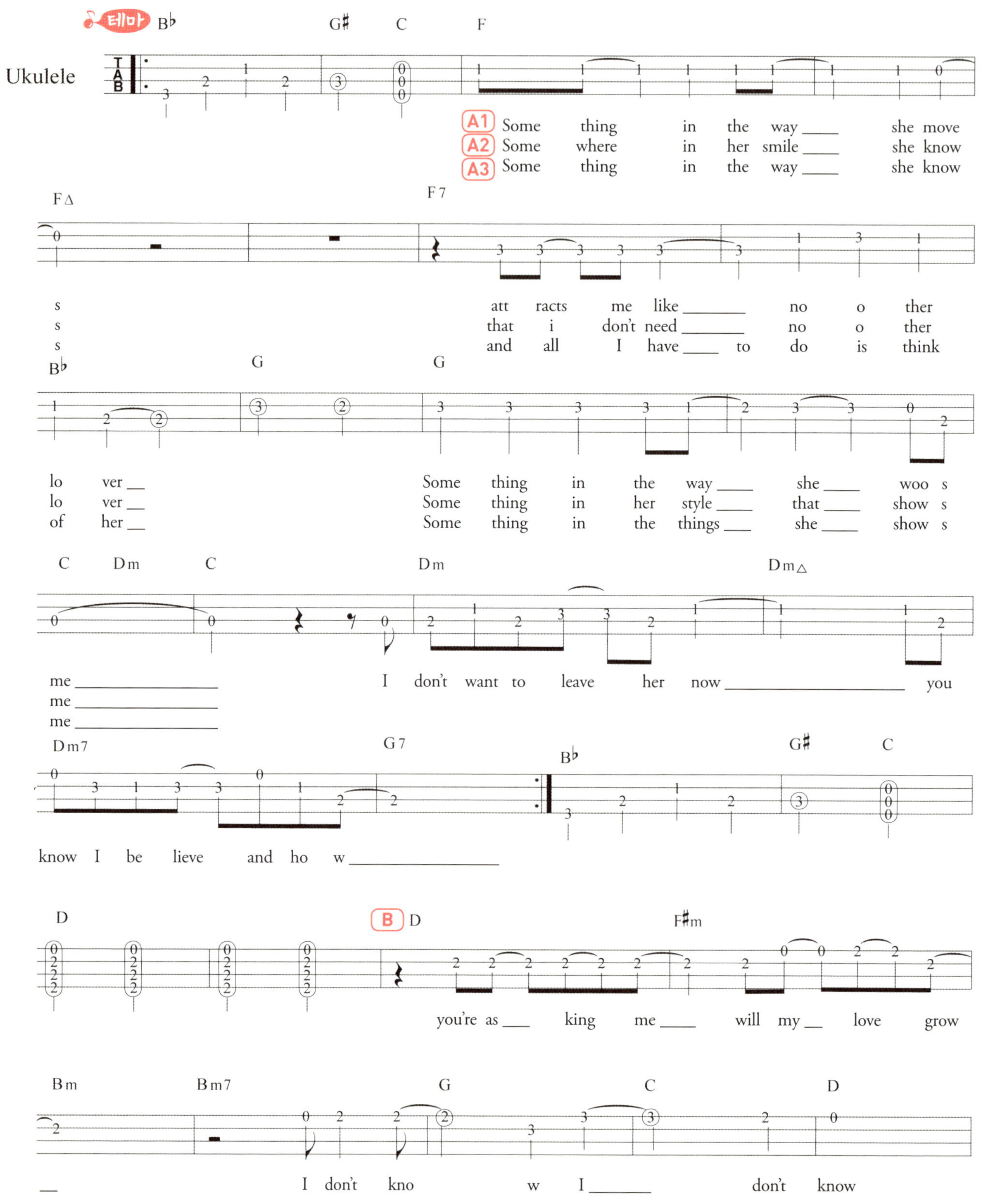

Ukulele
테마 B♭   G♯   C   F
F△   F7
B♭   G   G
C Dm   C   Dm   Dm△
Dm7   G7   B♭   G♯   C
D   B D   F♯m
Bm   Bm7   G   C   D

A1 Some thing in the way ____ she move
A2 Some where in her smile ____ she know
A3 Some thing in the way ____ she know

att racts me like ________ no o ther
that i don't need ________ no o ther
and all I have ____ to do is think

lo ver __   Some thing in the way ____ she ____ woo s
lo ver __   Some thing in her style ____ that ____ show s
of her __   Some thing in the things ___ she ____ show s

me ____________   I don't want to leave her now ________________ you
me ____________
me ____________

know I be lieve and ho w ________________

you're as ___ king me ____ will my __ love grow

__   I don't kno w I ______ don't know

🎵테마 – A1 – 🎵테마 – A2 – B – A 코드 진행으로 간주 – A3

Imagine

작사 작곡 존 레논

1971년 발표한 존 레논의 곡입니다.

종교와 국가가 없는 세상을 상상해봅시다.

살상과 죽음 없이 모두가 평화롭게 사는 것이 꿈이 아니라고 노래하고 있죠.

기독교 영향이 막강한 서양에서 천국이 없다고 상상해보라는

존의 용기는 대단한 것이었습니다.

❖ G키로 편곡해봤습니다. 소박하면서 너무 훌륭한 노래입니다.

❖ Imagine의 테마는 정말 유명하죠! 연습해봅시다!

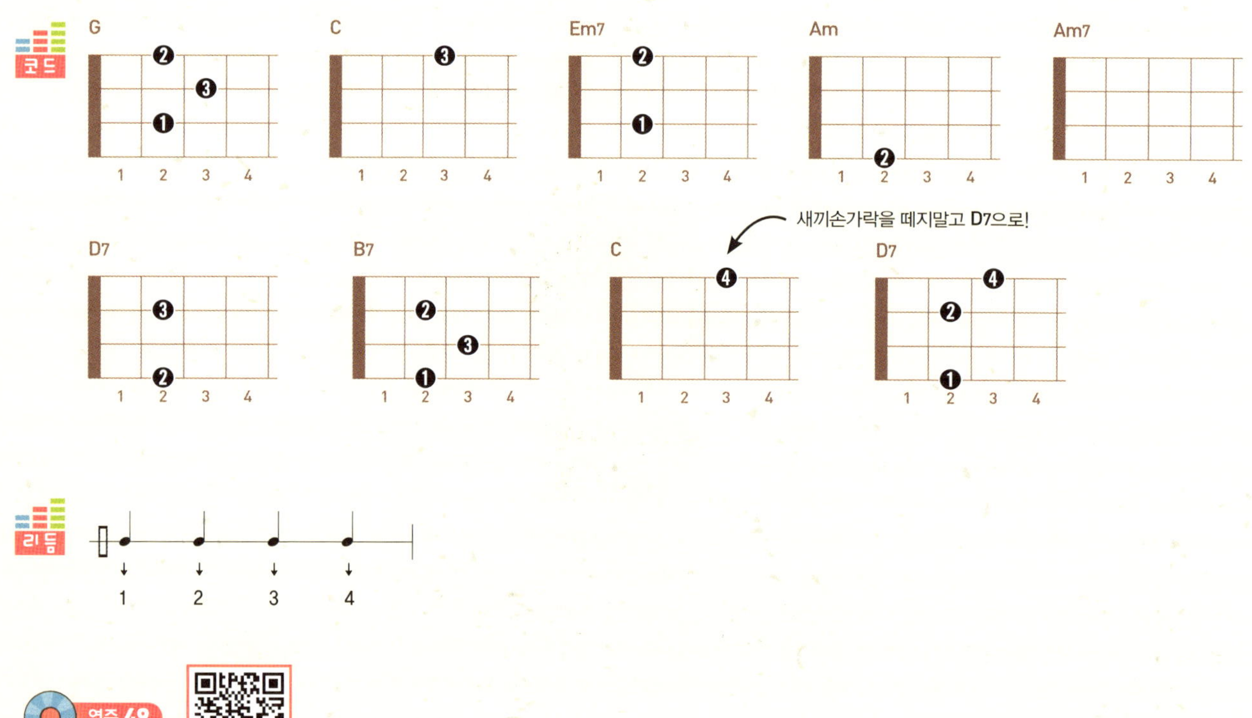

```
G  C  G  C

G                    C         G                  C
Imagine there's no heaven    It's easy if you try

G        C        G              C
No hell below us    Above us only sky

C         Em7          Am Am7 D7
Imagine all the people    Living for today ah a ah ~

G                    C         G             C
Imagine there's no countries    It isn't hard to do

G              C       G              C
Nothing to kill or die for    and no religion too

C         Em7          Am Am7 D7
Imagine all the people    living life in peace you u ~

C         D7        G       B7 C      D7         G  B7
You may say i'm a dreamer    but I'm not the only one

C          D7          G       B7 C      D7         G
I hope someday you'll join us    and the world will be as one

G                    C      G            C
Imagine no possessions    I wonder if you can

G                   C      G                   C
No need for greed nor hunger in a brotherhood of man

C         Em7          Am Am7 D7
Imagine all the people    Sharing all the world you u ~

C         D7        G       B7 C      D7         G  B7
You may say I'm a dreamer    but I'm not the only one

C          D7          G       B7 C      D7          G
I hope someday you'll join us    and the world will live as one
```

Imagine

테마
Ukulele

G   C   G   C

G   C   G   C
I - ma-gine there's no Hea-ven   It's easy if you   tr - y

G   C   G   C
No Hell   be - low us   Above us   only   s - ky

C   Em7   Am   Am7   D7
I - ma-gine all the peo - p le   Li - ving   for to - day   ah a   ah

G   C   G   C
I - ma-gine there's no coun-tries   It isn't hard to   do

G   C   G   C
Nothing to kill   or die   for   And no re - li - gion - too

3

C   Em7   Am   Am7   D7
I - ma-gine all the peo - p le   Li - ving   life in peace   you u

C   D7   G   B7   C   D7   G   B7
___ You may say I'm a drea-mer   But I'm not the on - ly one___

C   D7   G   B7   C   D7   G
I hope some day ___ you'll join us___   And the world will be   as one

G   C   G   C
I-ma-gine   no posse-ssions   I wonder if you can

G   C   G   C
No need for greed nor   hun-ger   in a brother-hood   of   man

C   Em7   Am   Am7   D7
I-ma-gine all the peo - p le ___   Shar ing   all the world___   you u ___

C   D7   G   B7   C   D7   G   B7
___ You may say I'm a drea-mer   but I'm not the on __ ly one ___

C   D7   G   B7   C   D7   G
I hope some-day ___ you'll join us___   And the world will   live as one

어기여디어라

작사 작곡 이상은

이 노래 멜로디는 이 책에 실린 곡 중 가장 연주하기 까다롭습니다.

도전해보세요~

❀ 왼손가락 표시는 힌트로 앞부분만 그렸어요. 보기 어지러울까봐. ^^

❀ 앞부분 참고해서, 뒷부분은 연구해보세요~

코드

D G Bm Bm7

A7 F#m Em7

테마 테마는 이렇게 화음을 같이 쳐도 좋아요.

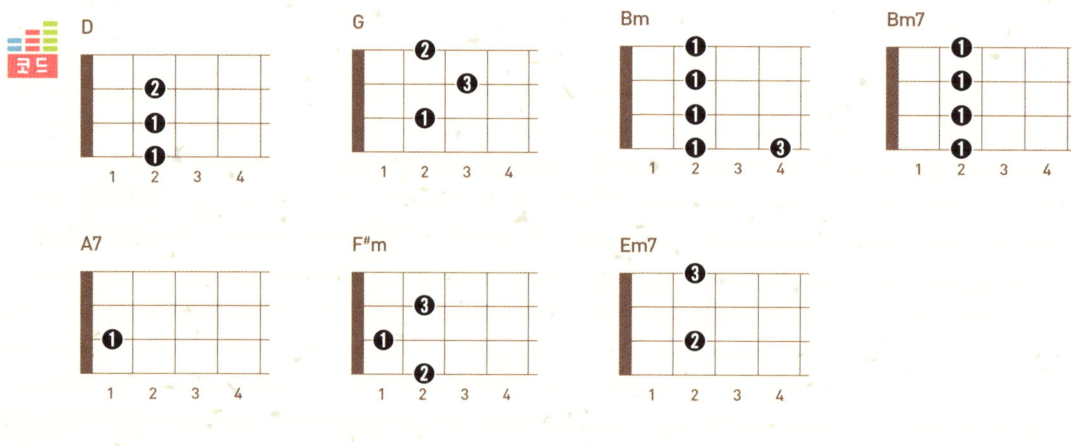

리듬

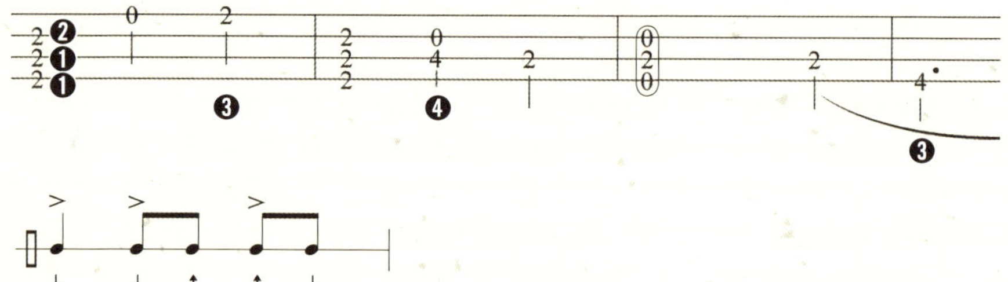

 **연주 50**

 **동영상 24** –어기여디어라 앞부분

1절

네 눈은 검고도 맑구나 이마에 흐르는 땀방울도
(D Bm G D Bm Bm7 G A7)

네 등은 붉은 흙같구나 씨앗을 뿌려볼―까
(Bm Bm7 G D G A7 D)

해는 뜨―고 지고 달도 뜨―고 지고 흘러흘러 어디로 가나
(G D A7 Bm)

해는 뜨―고 지고 달도 뜨―고 지는 천구를 가로질러
(G D A7 D A7)

🎵 후렴

어기여디어라 어기여디어라
(D D G A7)

바람도 멈추고 비도 거두어지니 어여어여 노를 젓네
(Bm7 Bm G Bm G A7 D)

2절

하늘의 별도 땅의 꽃도 가만히 제 길을 살아가듯
(D Bm G D Bm Bm7 G A7)

서로 다른 몸으로 나서 다른 숨을 쉴지라도
(Bm Bm7 D G A7 D)

해는 뜨―고 지고 달도 뜨―고 지고 물길은 하늘에 닿고
(G D G A7 Bm)

해는 뜨―고 지고 달도 뜨―고 지고 마음은
(G D G)

서로에 닿고― 어느새 강물이 웃고 있―는 걸 보니
(A7 Bm Em7 A7 Bm)

우리도 웃고― 있겠구나
(Em7 Bm)

버리고 또 버리고 잊고 잊어버어리이리
(Em7 F#m Em7 A7 Bm A7)

🎵 후렴

바람도 불어오고 비도 다시 내리니 어여어여 노를 젓네
(Bm7 Bm G Bm G A7 D)

바람도 멈추고 비도 거두어지니 어여어여 노를 젓네
(Bm7 Bm G Bm G A7 D)

어기여디어라 어기여디어라 ×2
(D G D G A7)

어기여디어라

테마
Ukulele
1.네 눈은 검 고도 맑 구 나
2.하 늘의 별 도 땅의 꽃 도
이 마 에 흐 르 는 땀 방 울 도
가 만 히 제 길 을 살 아 가 듯
네 등 은 붉 은 흙 같 구 나
서 로 다 른 몸 으 로 나 서
씨 앗 을 뿌 려 볼 까 해 는
다 른 숨 을 쉴 지 라 도
뜨 고 지 고 달 도 뜨 고 지 고
흘 러 흘 러어 디 로 가 나 해 는
물 길 은 하 늘 에닿 고 해 는
뜨 고 지 고 달 도 뜨 고 지 는
뜨 고 지 고 달 도 뜨 고 지 고
2절시 코다
천 구 를 가 로 질 러
마 음 은

후렴
38 D G
어 기 여 디 어 라
42 D G A7
어 기 여 디 어 라 바람
46 Em7 Bm G Bm
도 멈 추 고 비 도 거 두 어 지 니
불 어 오 고 비 도 다 시 내 리 니
50 G A7 D A7
처음으로/2절시 마디 38~44로
어 여 어 여 노 를 젓 네 서 로 에 닿
54 Bm Em7 A7 Bm
고 어 느 새 강 물 이 웃___ 고 있___ 는 걸 보
59 Em7 Bm
니 우 리 도 웃 고 있 겠 구 나
64 Em7 F#m
버 리 고 또 버 리 고 잊 고
68 Em7 A7 Bm A7
마디 45로
잊 어 버 어 리 이 리

Love Me Tender

작사 작곡 엘비스 프레슬리 외

엘비스 프레슬리가 민요 〈Aura Lee〉에 가사를 붙여 1956년에 발표한 대박 히트곡이죠.

이전까지 왠지 날라리 같던 엘비스의 이미지를 뒤집었던 이 노래!

❀ 마지막에 솔로 버전을 만들어봤어요.

❀ 원곡과 달리 소박한 리듬으로 바꿔봤습니다.

코드

D · E7 · A7 · F# · Bm

D7 · G6 · Gm6 · B7 · Em7

F · G7 · C7 · A7 · Dm

F7 · B♭△ · B♭m · Gm7

리듬

1 2 3 4 또는 1 2 3 4 　칼립소 연주해도 좋아요.

연주 51　모범 연주는 D키로 시작해서 간주는 F로 전조했습니다.

(A1)
D   E7   A7   D
Love me tender, love me sweet, never let me go

D   E7   A7   D
You have made my life complete, and I love you so

★
D   F#   Bm   D7
Love me tender, love me true,

G6   Gm6   D
all my dreams fulfilled

D   B7   Em7   A7   D
For my darling I love you, and I always will

(A2)
D   E7   A7   D
Love me tender, love me long, take me to your heart

D   E7   A7   D
For it's there that I belong, and we'll never part →★로

(A3)
D   E7   A7   D
Love me tender, love me dear, tell me you are mine

D   E7   A7   D
I'll be yours through all the years, till the end of time →★로

Love Me Tender

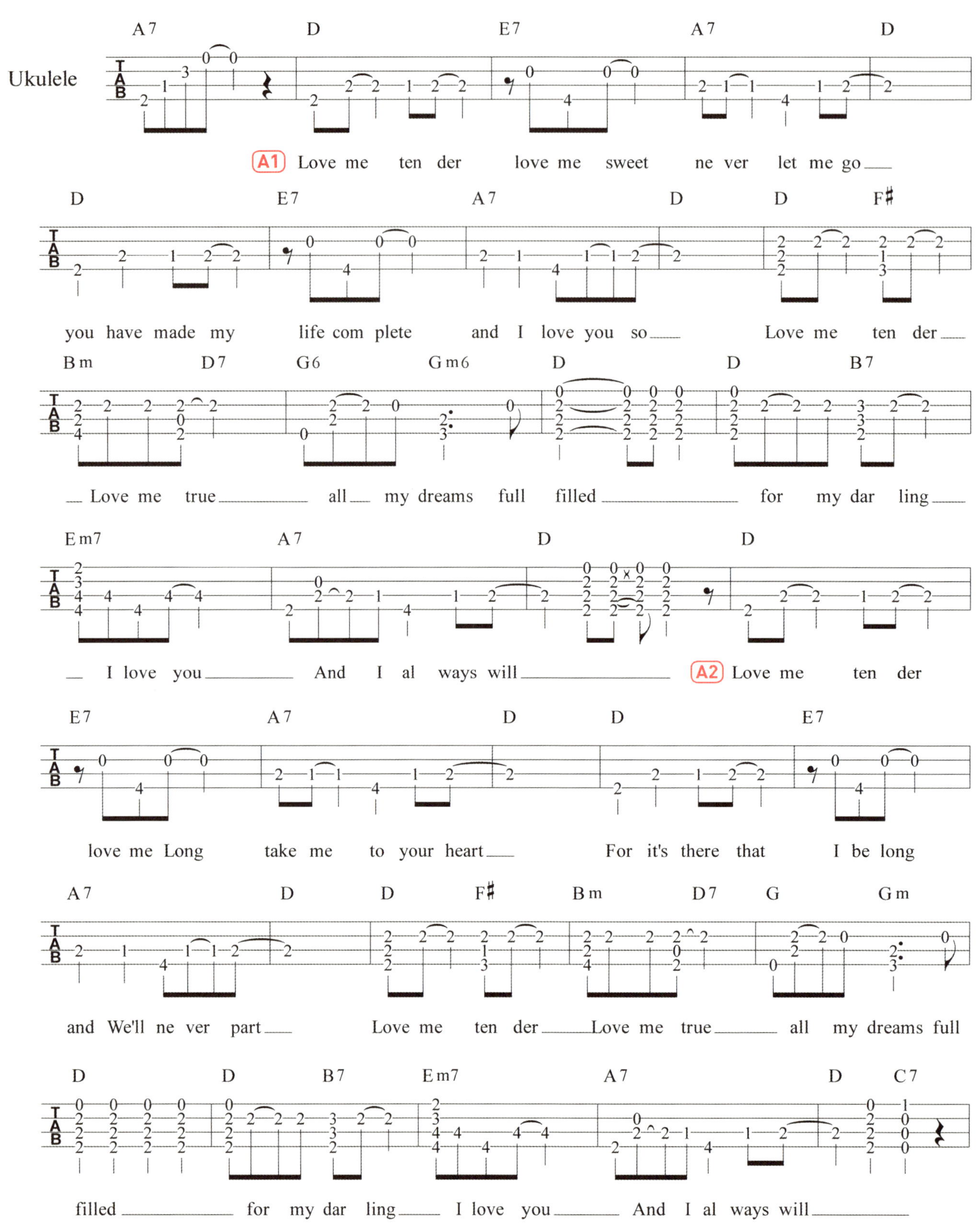

간주

A3 Love me ten der love me dear tell me you are mine

I'll be yours through all the years till the end of time

Love me ten der Love me true all my dreams full filled for my dar ling

I love you And I al ways will

What a Wonderful World

작사 작곡 조지 더글라스, 조지 D.웨이스

베트남 전쟁이 한창이던 1967년 루이 암스트롱이 발표한 노래입니다.

베트남 전쟁을 다룬 영화 〈굿모닝 베트남〉의 주제곡이기도 하죠.

사이공에서 공군 라디오의 DJ 로빈 윌리엄스가 평화의 메시지를 전하며 이 노래를 들어줍니다.

당시 영국에선 넘버원이었지만 미국에서는 그러지 못했다고 하네요.

❀ 여성에게 맞는 C키로 편곡해봤습니다.

❀ 후주는 타브 악보대로 아르페지오도 좋고, 그냥 다운 스트러밍도 좋아요.

코드

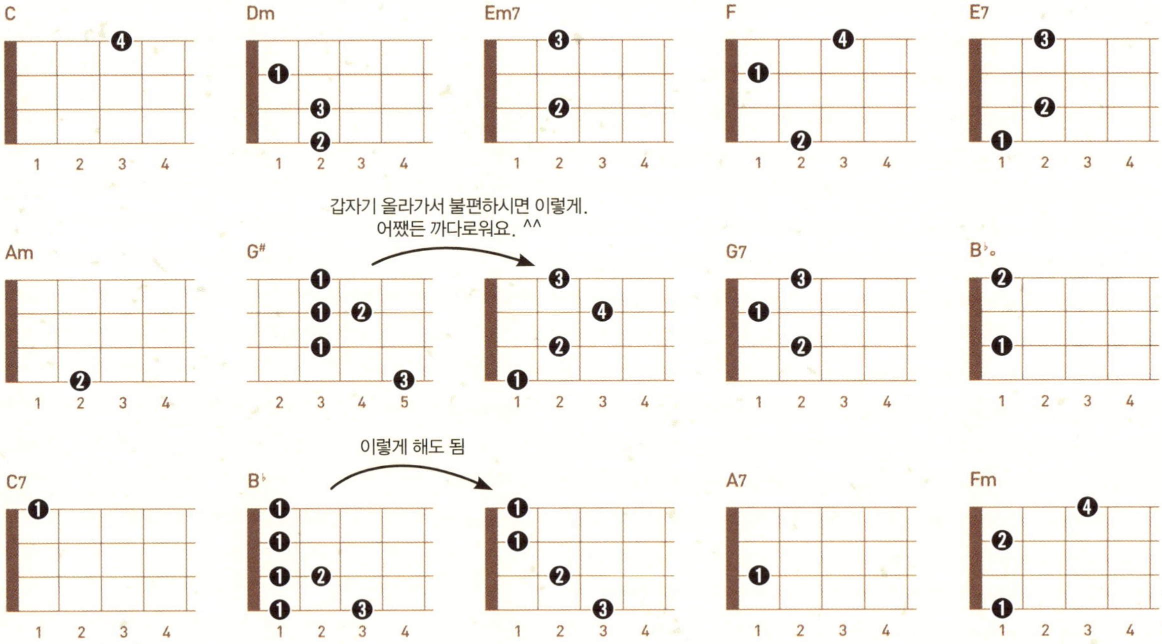

C　　Dm　　Em7　　F　　E7

Am　　G#　　갑자기 올라가서 불편하시면 이렇게.
어쨌든 까다로워요. ^^

G7　　B♭。

C7　　B♭　　이렇게 해도 됨　　A7　　Fm

리듬

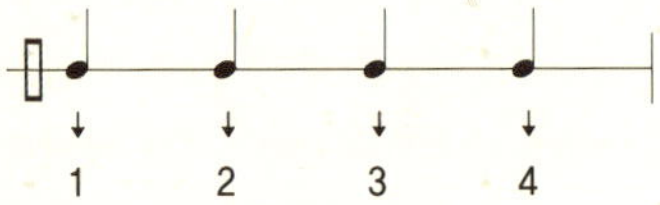

1　2　3　4

연주 52

            C Dm C Dm

             C   Em   F   Em   Dm
I see trees of green, red roses too

Dm   C   E7   Am   G#
I see them bloom for me and you And I think to myself

Dm   G7   C Bb°
What a wonderful world

          C   Em7   F   Em7
I see skies of blue and clouds of white

Dm   C   E7   Am
The bright blessed the day And the dark say good night

     G#   Dm   G7   C F C Bb°
And I think to myself What a wonderful world

Dm   G7   C   Dm
The colors of the rainbow so pretty in the sky

Dm   G7   C
Are also on the faces of people going by

     Am   Em7   Am   Em7
I see friends shaking hands saying How do you do

Am   C7   Dm   G7
They're really saying I love you

          C   Em7   F   Em7
I hear babies crying I watch them grow

Dm   C   E7   Am
They'll learn much more than I'll ever known

     G#   Dm   G7   C   Bb
And I think to myself What a wonderful world

A   Dm   Fm   G7   C
Yes I think to myself What a wonderful world

What a Wonderful World

Moon River

작사 조니 메세르 작곡 헨리 맨시니

영화 〈티파니에서 아침을〉에서 오드리 헵번이 불렀죠!

연주곡으로 편곡해봤어요.

❀ 타브 악보의 ○안의 번호는 주멜로디입니다.

❀ 후주는 전주로 사용해도 괜찮아요.

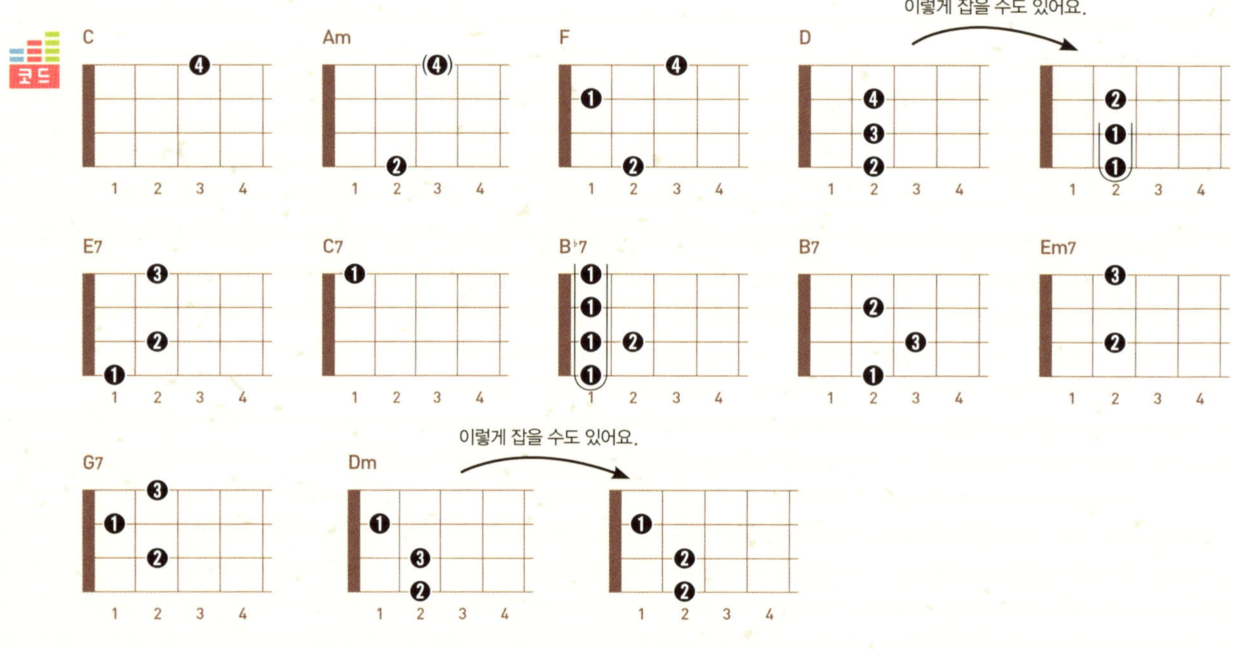

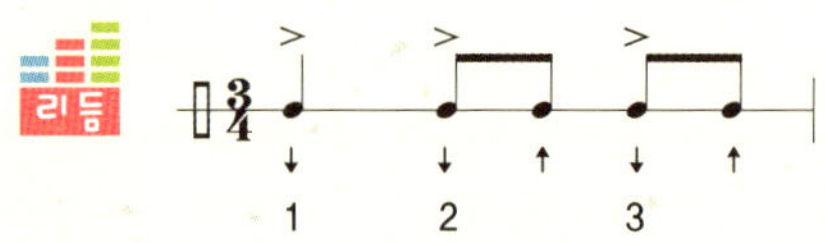

♪테마　C F C F

```
 C      Am    F          C
Moon river, wider than a mile

        F              C          D   E7
I'm crossing' you in style some day

        Am    C7          F      B♭7
Oh, dream maker you heart breaker

        Am          B7
wherever you're going

        Em7         G7
I'm goining your way


 C      Am    F            C
Two drifters, off to see the world

           F             C        D   E7
There's such a lot of world to see

         Am C7      F   B♭7        C   F
We're after the same rainbow's end

                      C   F              C
Waiting' round the band my Huckleberry friend

 Am     Dm  G7   C
Moon river and me
```

♪후주　F C F C F C

Moon River

Ukulele
테마
C   F   C   F
C   A m   F   C
Moon river, wi - der than a mile I'm
Two drifters, off to see the mile world There's
F   C   D   E 7
cro - ssing you in style some day Oh,
such a lot of world to see we're
1.
A m   C 7   F   B♭7
dream ma - ker, you heart brea - ker where -
A m   B 7   E m7   G 7
e - ver you're go - ing I'm go - ing your way
2.
A m   C 7   F   B♭7
af ter the same rain - bows

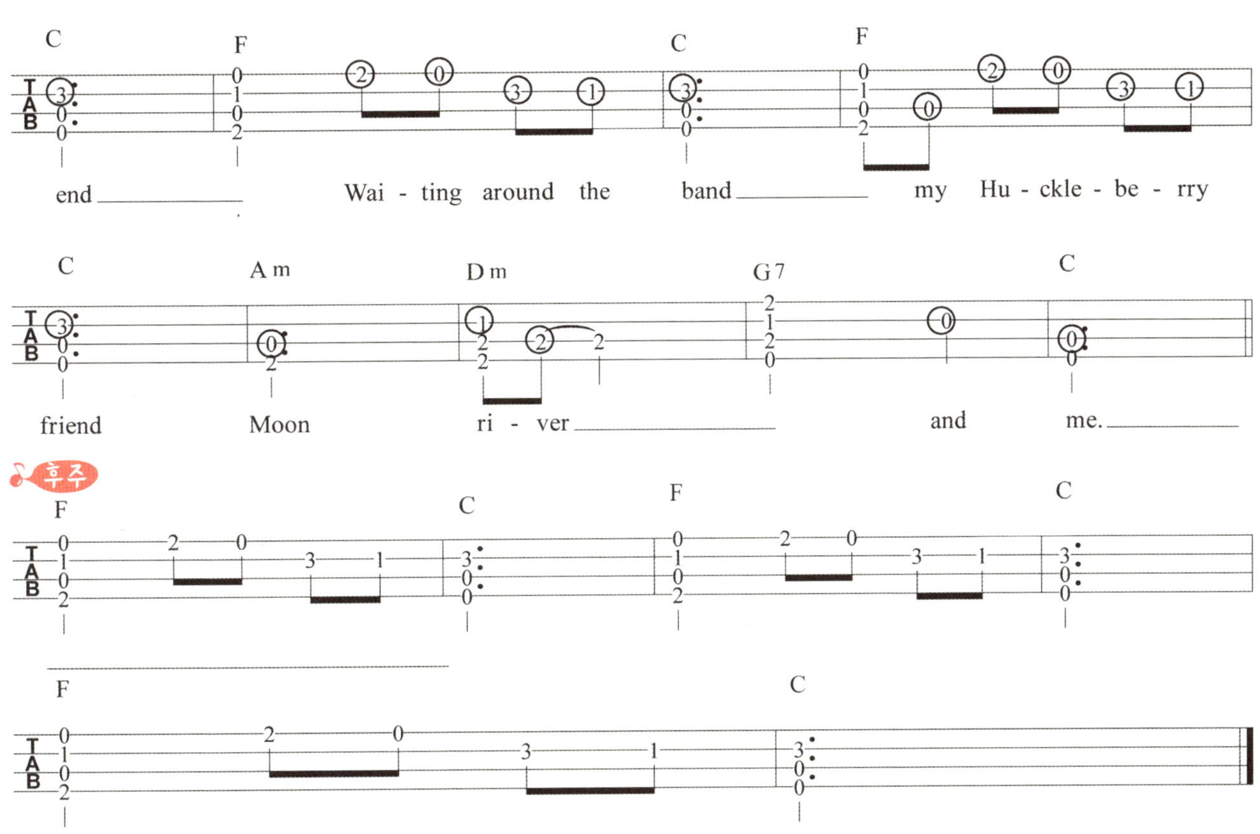

end
Wai - ting around the band my Hu - ckle - be - rry
friend Moon ri - ver and me.
후주

카니발의 아침 Manha de Carnaval

작곡 루이즈 봉파

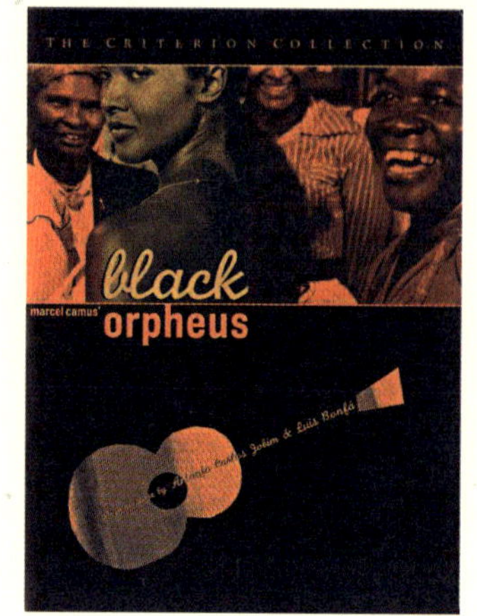

브라질의 명 기타리스트 루이즈 봉파Luiz Bonfa가 만든 명곡!
1959년 개봉한 영화 〈흑인 오르페 Orfeu Negro〉의 주제가였죠.
이번엔 연주곡으로 편곡해봤어요.

- 코드를 치면서 멜로디를 치는 솔로 스타일입니다.
- ○안의 번호가 멜로디입니다.
- 마지막 └───── 3 ─────┘ 표시는 2박자 안에 세 번을 친다는 표시입니다.

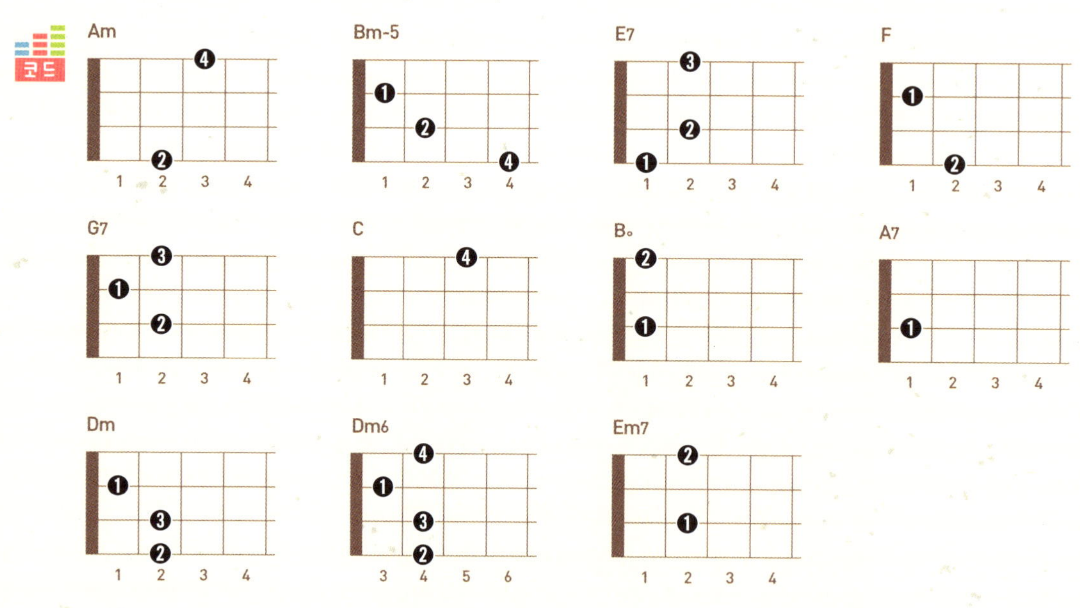

카니발의 아침

Ukulele
Am   Bm-5   E7   Am   Bm-5   E7
Am   F   G7   C   B°   A7   Dm
G7   C   F   Bm-5   E7
Am   Bm-5   E7   Am   Bm-5   E7   Am
Bm-5   E7   B♭°   A7   Dm
Dm   Dm6   Am   E7
Am   F   Am
F   Am   F   Em7   Am

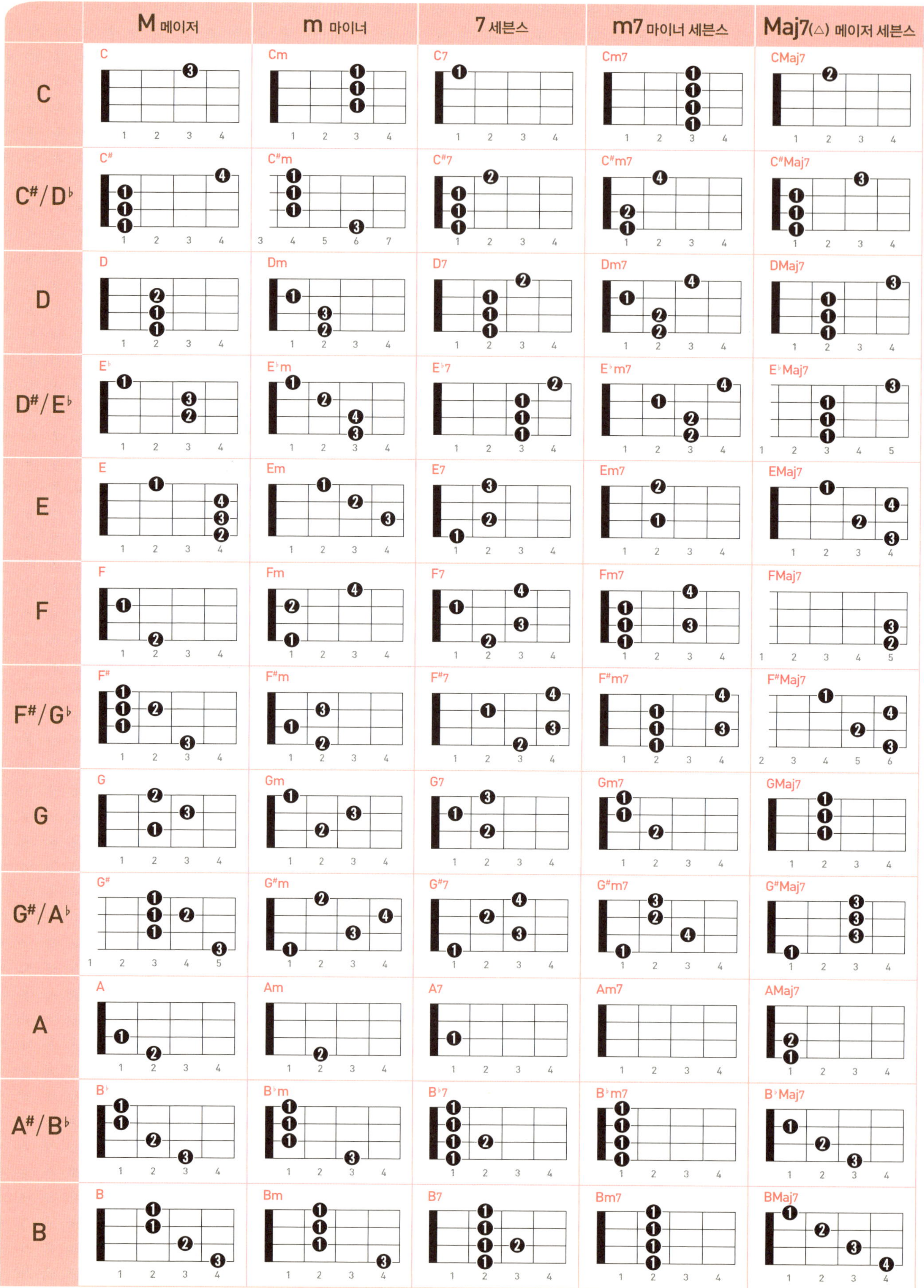

	M 메이저	m 마이너	7 세븐스	m7 마이너 세븐스	Maj7(△) 메이저 세븐스
C	C	Cm	C7	Cm7	CMaj7
C#/D♭	C#	C#m	C#7	C#m7	C#Maj7
D	D	Dm	D7	Dm7	DMaj7
D#/E♭	E♭	E♭m	E♭7	E♭m7	E♭Maj7
E	E	Em	E7	Em7	EMaj7
F	F	Fm	F7	Fm7	FMaj7
F#/G♭	F#	F#m	F#7	F#m7	F#Maj7
G	G	Gm	G7	Gm7	GMaj7
G#/A♭	G#	G#m	G#7	G#m7	G#Maj7
A	A	Am	A7	Am7	AMaj7
A#/B♭	B♭	B♭m	B♭7	B♭m7	B♭Maj7
B	B	Bm	B7	Bm7	BMaj7

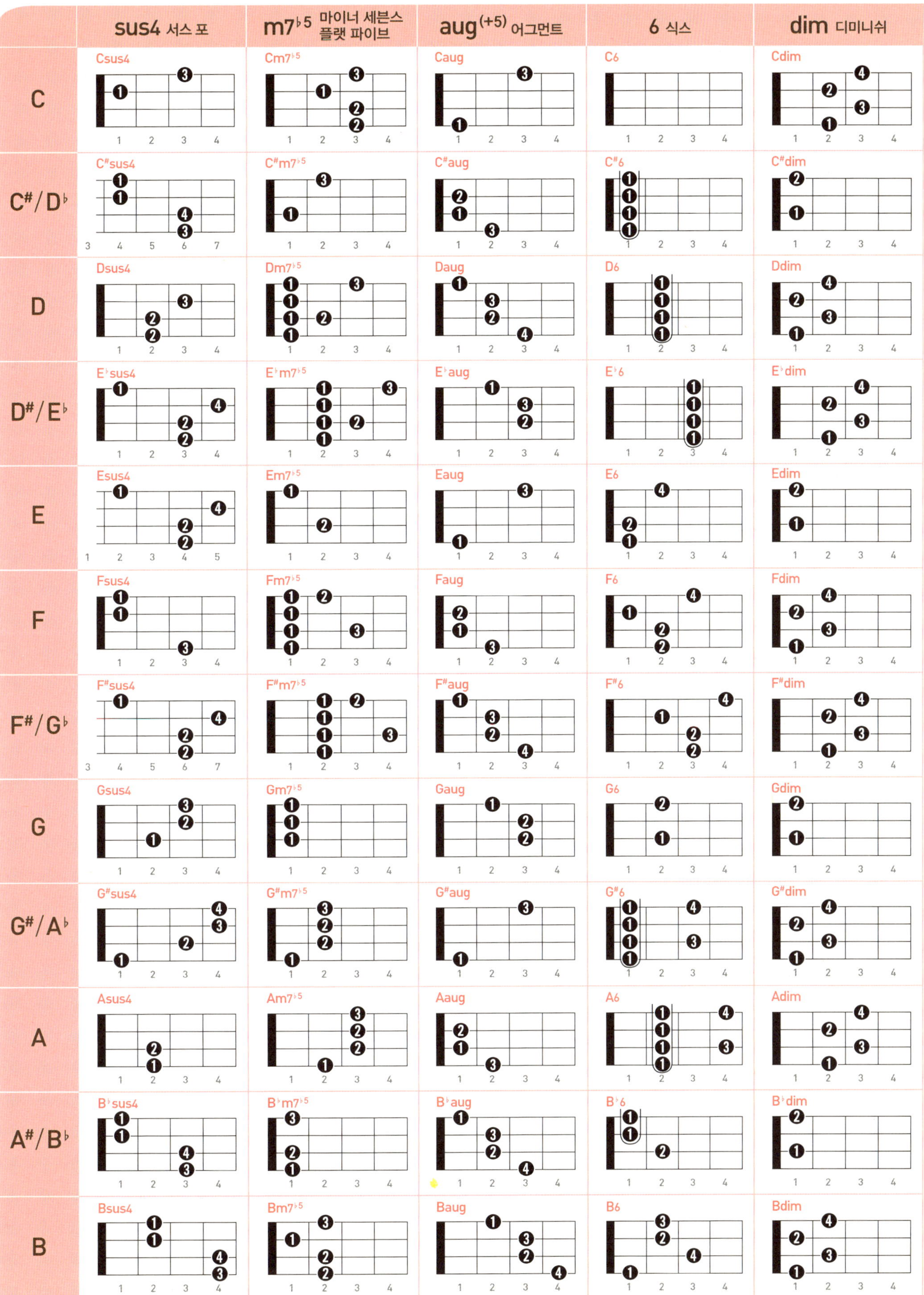

하찌 아저씨의
우쿨렐레 교실
ⓒ 하찌 2015

초판인쇄 2015년 2월 23일
초판발행 2015년 3월 3일

지은이 하찌
펴낸이 이기섭
편집인 김수영
책임편집 김송은
기획편집 전민희 김남희
마케팅 조재성 정윤성 한성진 정영은 박신영
관리 김미란 장혜정

펴낸곳 한겨레출판(주)
등록 2006년 1월 4일 제313-2006-00003호
주소 121-750 서울시 마포구 공덕동 116-25 한겨레신문사 4층
전화 02-6373-6751
팩스 02-6383-6790
대표메일 cine21@hanibook.co.kr

ISBN 978-89-8431-878-6 13670

※ 책값은 뒤표지에 있습니다.
※ 파본은 구입하신 서점에서 바꾸어드립니다.

씨네21북스는 한겨레출판(주)의 브랜드입니다.